みことばを“深く”読むために

はじめての聖書解釈

梅花女子大学
名誉教授　米川明彦

はじめに

年末の社会鍋で有名な救世軍の日本初の士官になった山室軍平（一八七二〜一九四〇年）は「平民の福音」を説いたキリスト教伝道者であった。彼のことばに「聖書は鏡なり、もって心の姿を正すべし。聖書は糧なり、もって霊の生命を養うべし。聖書は剣なり、もって救の御軍を戦うべし」がある。これは聖書の効用面から述べた勧めである。

「奇跡の人」と言われたヘレン・ケラー（一八八〇〜一九六八年）は「私がもっとも読んだ書物は聖書です。聖書なら幾度でも繰り返し読んだので、ある箇所などは点字がつぶれて見えなくなっており、記憶を頼りに読まねばならないところもあるくらいです。特に詩篇、預言書、四福音書などがそうです」と言うくらい聖書をよく読んでいた。

ところが聖書は一般信徒にはなかなか難しくて理解できないことが多々ある。だから礼拝で説教を聞き、聖書研究会で学ぶわけであるが、毎日聖書を読むことを勧められているのにわからないので、読むことをやめてしまう人が多い。

「鏡、糧、剣」だけでなく、救いの書、神のことばとしての聖書を正しく理解し、解釈するには、ある程度の専門的な知識が必要である。なぜなら聖書は現代日本人にとって遠い昔の、遠い地域の、ことばや暮らしが隔たった、すなわち時間、空間、文化が隔たったものだからである。そのためか、世の中には聖書をまったく正しく理解していないことを書いている文章が数多くある（キリスト者でない人たちの著作）。

そこで筆者は正しい聖書解釈のために、時間、空間、文化の隔たりをキー概念とし、新約聖書を中心に例を挙げながら具体的に示し、聖書の理解に役立ててもらおうと本書を著した。専門的に学びたければ、それを教えている大学や神学校に入学すればよいが、そこまではと思う人のために書いたのがこの入門書である。そのためできるだけ易しく、簡潔に、分量も少なめにした。

本書の利用方法として一人で学ぶのもいいし、数人が集まって勉強会を開くのもいい。テキスト風に各節ごとに課題を出しておいたので、書き込むなり話し合うなりしてはいかがであろうか。

本書が参考にした文献は多いが、中でも榊原康夫『聖書読解術』（いのちのことば社、一九七〇年）は五十年あまり前の古い本であるが、わかりやすく具体的なので、総論などの例を取り入れさせてもらった。筆者が大学生の時に同書を利用して初めての聖書研究をした思い出の本でもある。もちろん、その他、聖書の辞典類や注解書、説教集（加藤常昭）、インターネットに公開されている説教（藤掛順一）などを参考にした。聖書解釈に関しては筆者の独自のものはない。ただし日本語学の研究者である筆者は、聖書の「ことば」にこだわって取り上げ解説した。

引用した聖書は「新改訳２０１７」である。また「聖書協会共同訳」（二〇一八年）も訳の比較のために引用した。なお、両者の章や節には異同があるので注意すること（特に詩篇）。

信徒をはじめ、聖書に関心のある信徒でない方にも聖書理解、信仰に少しでも役立てば幸いである。聖書のメッセージには喜びがあり、希望がある。聖書に親しみ、聖霊の導きを求めつつ主イエスと出会い、信じる信仰が与えられ、または信仰が深められ、神に栄光を帰す方が増えることを心から願う。

最後に、いのちのことば社出版部関西編集室の山口暁生氏にお世話になった。お礼を申し上げる。

二〇二三年八月

米川明彦

目次

3　聖書解釈学各論

みことばを深く読むために

――はじめての聖書解釈

1　聖書解釈学と聖書釈義

1―1　聖書解釈学

◆ポイント

「聖書解釈学」とは一般的な解釈学の諸規則を聖書解釈に応用し、同時に聖書独自の解釈の諸規則を明らかにし、聖書の解釈のための諸規則・原則の体系化を目指す学問。これにより時間的・空間的・文化的な隔たりを超えて聖書の意味を明らかにする。

聖書を正しく解釈するために「聖書解釈学」という学問がある。これは「聖書」「解釈」「学」の三つの語から成り立つ。そこで以下、順に定義を説明する。

①聖書

「聖書」は時間的に今から三五〇〇年前〜一九〇〇年前に書かれたものであり（BC一四〇〇年〜AD一〇〇年頃）、空間的におもにユダヤ地方のことであり、文化的には旧約聖書はヘブル語で書かれ、新約聖書はコイネーと呼ばれたギリシア語で書かれた文書であり（一部アラム語もある）、日本とは異なる文化の背景を持つ。このような現代日本と時間的・空間的・文化的な隔たりを持つ聖書を解釈するには、正しい知識が必要である。翻訳された日本語が意味することは、時間的・空間的・文化的な隔たりがあるゆえに、現代と、また日本と、さらに日本語と違うことを念頭に置く必要がある。

日本語で書かれたものでも、江戸時代の文献でさえ専門知識がないと読めない。たとえば松尾芭蕉（一六四四〜九四年）の『奥の細道』は十七世紀に書かれたもので、冒頭の「月日は百代の過客にして行かふ年も又旅人也」は教科書に載るほど有名であるが、正しく読めるだろうか。また意味がわかるだろうか。「百代」はハクタイと読み、永遠の意。「過客」はカクと読み、旅人の意である。これらは当時出版されていた文献から確認できる。また「百代」「過客」という漢語であるから中国の古典籍からの引用であろうと推定され、まさしく中国唐の時代の詩人李白（七〇一〜六二年）の漢詩が出典であった。

次に日本で時間的・空間的・文化的な隔たりの例を挙げておこう。日本でも隔たりがあるなら、ましてや聖書はもっとあることが推察されるであろう。まず時間的な隔たりから例を挙げる。

〈例〉「くるま（車）」といえば現代人は自動車を思い浮かべる。人力車と思う人はいない。現代では「車に乗っていく」は自動車に乗っていくことである。しかし、奈良時代から江戸時代では「車」は牛車や荷車を指した。明治時代になると人力車を指した。「俥」は「くるま」と読み、人力車を指す和製漢字である。そして大正から現代に至るまで「くるま」は自動車を指すようになった。しかも当初は「自働車」と表記された。

〈例〉「花」と言えば奈良時代と平安時代では違うものを指した。奈良時代は梅、平安時代は桜を指した。これらは時間的および文化的隔たりの例である。

〈例〉「歌」といえば古来ずっと和歌を指したが、現代では歌謡曲を指す。和歌の場合は「歌を詠む」と言い、歌謡曲の場合は「歌を歌う」と言う。

次に空間的な隔たり、すなわち地域によって違う例を見る。

〈例〉「桜餅」は関西では「道明寺」で、餅米で作った丸い饅頭の形であるのに対して、関東では上新粉で作ったクレープのように筒状に餡をくるんだもの。

〈例〉「汁粉」も「ぜんざい」も関西と関東では指すものが違う。関西で「汁粉」と言えば、こしあんの汁で、「ぜんざい」は粒あんの汁を指す。一方、関東ではこしあんの汁を「御膳じるこ」、粒あんの汁を「田舎じるこ」と呼ぶ。関東で「ぜんざい」は汁気のない餡をかけたものを指す。関西ではそれは「亀山」と呼ぶ。さらに沖縄で「ぜんざい」と言えば小豆のかき氷を指す。

次に文化的な隔たりの例を挙げよう。
〈例〉色は文化によって意味するところが違う。「リンゴのような頬」は日本では元気なさまを思い浮かべる。それはリンゴ→赤という連想による。しかし、英語圏では病気を思い浮かべる。それはリンゴ→青という連想による。リンゴは青リンゴだからである。

〈例〉「緑色」はイスラム圏では神聖な色で、国旗に使われている。日本ではその意味はない。緑↓自然というのが日本人の一般的な連想であろう。

〈例〉「虹は何色か」という問えば、日本・フランス語圏・イスラム圏では七色と答えるが、英語圏では六色、ドイツ語圏では五色と答える。もっとも少ない言語では二色である。

〈例〉「ピンクレディ」といえばどんな女性を思い浮かべるであろうか。日本人ならあの有名な二人組の歌手である。日本語「ピンク」はかわいい色と連想されやすいが、英語のpinkは「過激な」という意味があり、過激派の女性になってしまう。また「桃色」と言うと女性のエロを含む。それがもとになって今度は「ピンク」に女性のエロの意味を持たせて「ピンク映画」のような新たな表現ができた。

以上、「隔たり」は「ずれ」とも言える。浜島敏『日本語聖書も「神の言葉」』(二〇一一年、キリスト新聞社)の第3章は多くの実例を挙げてわかりやすく説明しているので、お勧

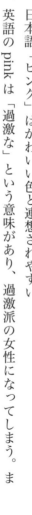

めする。

②解釈

国文学を専攻した人なら『国文学　解釈と鑑賞』や『国文学　解釈と教材の研究』という月刊誌や解釈学会の機関誌『解釈』を目にしたことがあるだろう。特に文学作品の解釈は授業や研究発表の中心であったことを思い出すかもしれない。

「解釈」とは対象の意味を明らかにし、ことばの意味、メッセージの意図を正しく理解することであるが、上記のように時間的・空間的・文化的な隔たりがあるものを解釈することは難しく、誤解することがしばしばある。

聖書解釈について参考になるのは、宗教改革者ジャン・カルヴァン（一五〇九～六四年）の注解の仕方で、二十世紀最大の神学者カール・バルト（一八八六～一九六八年）によれば、

> 一世紀と十六世紀との間に立っている壁が透明になるまで、パウロが向う側で語るのを十六世紀の人間がこちら側で聞くに至るまで、原典と読者との対話が主題《ザッヘ》の核心そのもの（それはあちらとこちらで異なったものではありえない！）に全く集中するに至るまで、その本文との対決の仕事に立ち向かうのである。（略）批判《クリネイン》するとは（略）その文

書に含まれているすべての言葉と語句を、すべてが欺くのでなければ、その文書が明らかに語っている主題の核心に即して判定すること（略）ただ一つ語られうる事柄の光の下で解釈することである。（カール・バルト著、小川圭治・岩波哲男訳『ローマ書講解　上』第二版への序、平凡社ライブラリー、二五～二七頁、二〇〇一年）

と言う。この隔たりを超えてそこに身を置いて解釈することが求められる。

具体例は後述するので、ここでは挙げない。

③学

「学」は学問であるので、原則・法則などを体系化して記述する。そのために規則を発見する作業がある。規則を発見することについて日本語の例を挙げておこう。

〈例〉次の文章の助詞「が」と「は」の使い分けの規則は何か。

昔々あるところにおじいさんとおばあさんがいました。おじいさんは山へ柴刈りに、おばあさんは川へ洗濯に行きました。

韓国語には「が」「は」に似たことばがあるため、韓国人には使い分けがしやすいが、別の言語の人たちには「が」と「は」の使い分けは難しい。ここでは「が」は新情報・

未知の情報を提示するのに対して、「は」は旧情報、既知の情報を提示する働きがある。昔話の初めに出て来た「おじいさんとおばあさん」は新情報なので「が」、次に出てきた「おじいさん」「おばあさん」は先のおじいさんとおばあさんで旧情報なので「は」を使うと説明できる。

〈例〉次の文の「が」が正しくて、「は」が間違いである理由は何か。

○何が悪いのか。　×何は悪いのか。

○だれが書いたのか。　×だれは書いたのか。

○どこがおかしいのか。　×どこはおかしいのか。

○いつがいいのか。　×いつはいいのか。

「何」「だれ」「どこ」「いつ」は疑問詞で、未知の情報について使うため、「が」を使用する。

〈例〉次の日本語と英語を比較して、感情形容詞「悲しい」「sad」の違いを説明せよ。

○（わたしは）悲しい。　○ I am sad.

×あなたは悲しい。　○ You are sad.

×彼は悲しい。　○ He is sad.

日本語「悲しい」は話し手の感情を表すので、平叙文では基本的に一人称にしか使わない。「あなた」「彼」は二人称、三人称なので使わない。一方、英語 sad は人称に関係なく使える。

そこで聖書解釈学は次のように大きく分類される。

聖書解釈学

- 総論……聖書の解釈を含めて言語、文脈、歴史と文化などの聖書全般の解釈に関する原則・方法などを取り扱う
- 各論……修辞的表現、たとえ話、寓喩、象徴、予型、預言などに関連した解釈の諸規則・原則を扱う

1―2　釈義

◆ポイント

「解釈」が対象の意味を明らかにし、ことばの意味、メッセージの意図を正しく理解することであるのに対し、「釈義」は対象が狭く、一般に語句や文・文章の意味を説き明かすことをいう。「聖書釈義」には聖書本文が本来の文脈において持つ意味を明らかにする「狭義の釈義」と、この明らかにされた意味の、現代への適用を示す「広義の釈義」に分けられる。「狭義」とは狭い意味、「広義」とは広い意味である。

ヨハネの福音書1章18節「いまだかつて神を見た者はいない。父のふところにおられるひとり子の神が、神を説き明かされたのである」の「説き明かす」の原語エクセーレオマイは「示す」「描き出す」「ことばの解釈をしてみせる」意。この原語の名詞エクセーレーシスから英語 exegesis「釈義」という専門用語ができた。

聖書解釈学で得られた諸規則・原則の聖書本文への適用を「聖書釈義」と呼ぶ。まず日本語の狭義と広義の例を挙げて説明しておこう。

〈例〉「卵巻き」「卵焼き」「卵かけご飯」の「卵」に魚卵を思う人はいない。これは鶏の卵である。この「卵」が狭義の例である。一方、「卵」は広義には人や動物の卵のことを意味する。鮭の「卵」をイクラ（これはロシア語である）というが、イクラをかけたご飯を「卵かけご飯」と言わず、「イクラ丼」と言っている。

次に聖書釈義の狭義と広義の例である。

〈例〉「豚に真珠」（マタイ7章6節）の狭義の解釈は、異邦人・反抗者などに救いのことば、福音の宝を語ってもむだであるから、もう語るなということ。広義には「猫に小判」と同じことを意味する。

〈例〉ぶどう園の農夫のたとえ（マルコ12章1〜12節）に農夫たちがしもべたちを殺したというのは、宗教的指導者たちが神から遣わされた預言者たちを殺した（バプテスマのヨハネを含む）というたとえ。これが狭義の釈義。広義の釈義は教会の所有権についての問題を提起し、牧師・教師たちは祭司長・律法学者・長老に対応し、これは彼らへの警告である。

釈義の結実が「聖書神学」である。聖書神学は、聖書釈義に基づいて聖書に見られるキリスト教神学思想を時代や主題に応じて提示する学問である。たとえば先のバルトは聖書と教会とを重視する弁証法神学である。

以上のことから次のように図示できる。

聖書解釈学（聖書の解釈のための諸規則・原則の体系化）
↓聖書釈義（得られた諸規則・原則の聖書本文への適用。狭義と広義がある）
↓聖書神学（キリスト教神学思想の体系化）

課題

1　何を学んだかをまとめてみよう。

2　時間的な隔たりがあるため形や内容や意味が異なる物・事・人の例を身の回りや聖書から挙げてみよう。

3　空間的な隔たりがあるため形や内容や意味が異なる物・事・人の例を身の回りや聖書から挙げてみよう。

4　文化的な隔たりがあるため形や内容や意味が異なる物・事・人の例を身の回りや聖書から挙げてみよう。

2　聖書解釈学総論

総論は聖書の解釈を含めて言語、文脈、歴史と文化などの聖書全般の解釈に関する原則・方法などを取り扱う。以下、おもに『新キリスト教辞典』（いのちのことば社、一九九一年）を参照した。

2―1　解釈の原則

◆ポイント

解釈の原則に①批評的解釈 ②字義的解釈 ③歴史的解釈 ④文法的解釈 ⑤文脈における解釈 ⑥聖書の霊感や統一性を前提とした解釈 ⑦啓示の漸進性を前提とした解釈 ⑧信仰の類比に従った解釈 ⑨聖書の類比に従った解釈 ⑩聖霊の働きによる解釈 ⑪新約聖書の優位性にもとづく解釈 ⑫新約聖書の書簡の優先性にもとづく解釈がある。

①批評的解釈

ある釈義を採用するためには、正当な根拠に裏付けられた解釈でなければならない。こじつけや自分勝手な解釈は許されない。学者語源と相いれない民間語源を排除する。また決定的な根拠がないなら解釈を断定してはならない。

〈例〉天地創造の「日」

創世記1章の記述によれば、天地創造のわざは六日間でなされた。しかし、「一日」をどう解釈するか諸説あり、決定的なことは言えない。必ずしも「日」を二十四時間と解釈しなければならないわけではない。

〈例〉十四万四千人

「十四万四千人」は、黙示録7章4節「私は、印を押された者たちの数を耳にした。それは十四万四千人で、イスラエルの子らのあらゆる部族の者が印を押されていた」、14章1節「子羊とともに十四万四千人の人たちがいて、その額には子羊の名と、子羊の父の名が記されていた」に出てくる。

「十四万四千人」は、旧約のイスラエル十二部族、新約の十二使徒など、十二の倍数で贖われた人の象徴的な数を表し、文字どおりの数ではない。キリスト教の異端グループの主張（自分たちだけのグループで文字どおりの数が天国に入る）は間違っている。

〈例〉漢字「義」

漢字の「義」の説明に民間によく見られるでたらめなこじつけの説明がある。それは「我」（われ）の上に「羊」をのせて、いけにえとして献げて義とされるというもの。しかし正しくは「我」はぎざぎざの刃ののこぎりのような刃物のことで、それでいけにえの「羊」を殺す意。漢字の字源研究に基づいていない勝手な解釈はしてはならない。

なおクリスチャン新聞福音版「聖書をいつも生活に」（月刊紙）に「漢字の向こうに聖書が見える」（ブラッシュ木綿子）というエッセイが掲載されている（二〇二二年四月〜）。

②字義的解釈

語句や文章を、本来的な意味か、慣用的な意味か、象徴か、比喩か、などを見きわめて解釈する。日本語を例に挙げると、「あなたはお目が高い」のように使う慣用句「目が高い」は目の値段を言っているのではなく、鑑識・鑑別・鑑賞する力

が優れているということ。また「あの子には手を焼いている」のように使う慣用句「手を焼く」は手を火で焼くやけどの意味ではない。扱ったり対処したりするのにてこずる意である。文字どおりに解釈するとおかしくなる。同様な例は次のように聖書にも多くある。

〈例〉雲

黙示録1章7節「その方は雲とともに来られる」、14章14節「白い雲が起こり、その雲の上に人の子のような方が座っておられた」の「雲」は自然現象の雲のことではなく、神の栄光、神の臨在を象徴することば。「雲に乗って来られる」を文字どおりにとると、きんと雲（中国の伝奇小説『西遊記』に登場する架空の雲）に乗る孫悟空になってしまう。

これは後述する象徴（シンボル）の解釈でも取り上げるように、ある意味を別の目に見える形で表している例である。

〈例〉重荷

マタイ11章28節「すべて疲れた人、重荷を負っている人はわたしのもとに来なさい。

わたしがあなたがたを休ませてあげます」の「重荷」は物質の重い荷物ではない。文脈上では（狭義）、パリサイ人たち（パリサイ派の人たち）が人々に押しつける面倒くさい、煩わしい、厳しい律法解釈、言い伝えのことである。そこから転じて広義に、生きる上でのさまざまな「重荷」を指す。それは病気や障害、人生の苦難かもしれない。この世において神の救いを求めつつ悩む苦しみ者が「重荷を負っている人」と解釈しても間違いではない。徳川家康は「人の一生は重い荷を負って長い旅をするようなものだ」と言った。そういう「重荷」と解釈しても許される。

〈例〉神がそばを通り過ぎる

マルコ6章48節「イエスは、弟子たちが向かい風のために漕ぎあぐねているのを見て、夜明けが近づいたころ、湖の上を歩いて彼らのところへ行かれた。そばを通り過ぎるおつもりであった」の「そばを通り過ぎる」は通過する意味ではなく、神がご自身を表す「神顕現」の表現である。

③歴史的解釈

語句や文章の意味はそれが書かれた時代の歴史的・文化的状況において何を意味したかによって解釈する。当時、どのように理解され、とらえられていたかを知らなければならない。

〈例〉病人にオリーブ油を塗って祈る

ルカ10章34節「近寄って、傷にオリーブ油とぶどう酒を注いで包帯をし」、ヤコブ5章14節「あなたがたのうちに病気の人がいれば、教会の長老たちを招き、主の御名によって、オリーブ油を塗って祈ってもらいなさい」と出てくる「オリーブ油」は当時、痛み止めに使用された。また旅行の携帯品でもあった。中世以降、ローマカトリック教会では死ぬ前に塗った。癒やしの祈りのためには常にオリーブ油を塗らなければならないということはない。

〈例〉三十歳

ルカ3章23節「イエスは、働きを始められたとき、およそ三十歳で」とある「三十歳」の意味は何か。後述するが、祭司が三十歳で職務に就いたこと、また預言者や王が三十歳で任命された例と関係する。イエスが三十歳で公生涯を始めたのは、三大職務（祭司・預言者・王）との関係である。

〈例〉女

ルカ8章1〜3節「その後、イエスは町や村を巡って神の国を説き、福音を宣べ伝えられた。十二人もお供をした。また、悪霊や病気を治してもらった女たち、すなわち、七つの悪霊を追い出してもらったマグダラの女と呼ばれるマリア、ヘロデの執事クーザの妻ヨハンナ、スザンナ、そのほか多くの女たちも一緒であった。彼女たちは、自分の財産をもって彼らに仕えていた。」

「女」も後述するが、当時、ユダヤ社会では非常に低く見られており、公の場所で奉仕できなかった。そのような中で主イエスの弟子たちの中に多くの女性たちが奉仕していたことは特筆に値する。

〈例〉生まれつき目の見えない人

ヨハネ9章1〜3節「イエスは通りすがりに、生まれたときから目の見えない人をご覧になった。弟子たちはイエスに尋ねた。『先生。この人が盲目で生まれたのは、だれが罪を犯したからですか。この人ですか。両親ですか。』イエスは答えられた。『この人が罪を犯したのでもなく、両親でもありません。この人に神のわざが現れるためです。（略）』」

「生まれたときから目の見えない人」は当時、罪の罰と考えられていた。しかし、イエスはそれを否定した。

④文法的解釈

まず日本語の例を考えてみよう。松尾芭蕉の有名な俳句に「古池やかわず飛びこむ水の音」がある。この「かわず」（蛙のこと）は何匹飛びこんだのか。日本語の語形は単数も複数も同形であるため、「かわず」の単複が明示されない。これを英語に翻訳するときにa frogなのかfrogsなのか問題になる。俳句の内容から考えて一匹に違いない。その一匹が飛びこむ余韻が主題である。何匹も「ドボンドボン」と飛びこんでは風情が台なしになる。

聖書の場合は原語であるヘブル語（まれにアラム語）とギリシア語の文法に則して解釈する。

〈例〉「罪」の原語が単数形か複数形か

ローマ7章17節「ですから、今それを行っているのは、もはや私ではなく、私のうちに住んでいる罪なのです」の「罪」は単数形、マルコ1章5節「自分の罪を告白し」の「罪」は複数形。単数形ハマルティアは罪の原理、複数形ハマルテーマは具体的な罪の行為、律法違反を指す。

〈例〉継続・反復命令か、今しなさいという命令か

マタイ7章7節「求めなさい。そうすれば与えられます。探しなさい。そうすれば見出します。たたきなさい。そうすれば開かれます」は「求め続けなさい」「探し続けな

さい」「たたき続けなさい」という命令で、継続・反復命令である。一方、使徒16章31節「主イエスを信じなさい。そうすれば、あなたもあなたの家族も救われます」は「今、このとき信じなさい」という命令である。

〈例〉一回きりか繰り返しか

ヨハネ20章25節「ほかの弟子たちは彼に『私たちは主を見た』と言った」の「言った」の原語の形は、何度も繰り返し言ったことを意味している。

⑤文脈における解釈

原則の中でもとりわけ重要なのが、どのような章句も文脈の中で解釈することである。文脈を決して無視してはならない。礼拝説教の多くが聖書の中の同一の文書の連続説教、講解説教であるのは、文脈を重視しているからである。テーマ説教は時として文脈を無視していることがある。

まず日本語を例に挙げて説明しよう。「僕はウナギだ」とはどういう意味かは文脈によって決まる。夏目漱石の『吾輩は猫である』をまねた小説なら、「僕はウナギだ」は主人公の自己紹介のことばである。芝居の役割を決める文脈では「僕はウナギの役をする」という意味になる。食堂で何を食べるかを話しているときなら「僕はうな丼」「うな重」を注文する意味である。このように文脈、前後関係によって意味が決定される。

〈例〉不正の富で友をつくる

ルカ16章9節「不正の富で、自分のために友をつくりなさい」は悪いことをして得たお金を使って友を得よと言っているのではない。この世の支配原理である富を蓄えるのではなく、使って友をつくれという勧め。ただし「友」が何を指すか意見が分かれる。

〈例〉求めなさい

マタイ7章7節「求めなさい。そうすれば与えられます」は何を求めるのか。文脈から神を求めなさいということ。

⑥聖書の霊感や統一性を前提とした解釈

聖書は神の霊感によって成立した文書であり、神からの啓示の書として統一性を持つものであるとする前提で解釈する。調和の取れた教理体系として解釈されなければならない。

〈例〉信じるだけで救われるか、行いは必要か

ローマ3章24節「神の恵みにより、キリスト・イエスによる贖いを通して、価なしに義と認められるからです。」、ヤコブ2章24節「人は行いによって義と認められるのであって、信仰だけによるのではないことが分かるでしょう。」

両聖句は反対のことを言っているように見えるが、矛盾するのではない。後者は信仰の実践としての行為について言っている。行いのない信仰が否定されているのである。信仰義認が聖書の中心ゆえ、信じるだけで救われる。

⑦啓示の漸進性を前提とした解釈

神のみこころは聖書の中に一様に示されているのではなく、むしろ漸進的に明らかにされていることを前提に解釈する。旧約の啓示は部分的で、新約によって最終的啓示がされる。ドイツのルター派の神学者アルトハウス（一八八八～一九六六年）は「旧約は約束である。この点にその制約がある。新約の準備以上でありえない。しかし、実現した約束である。この点に旧約聖書の永遠の存在価値がある」と述べている。

〈例〉旧約聖書にメシア預言があり、イエスにおいて成就した。無教会主義のキリスト者・内村鑑三（一八六一～一九三〇年）は「げにメシヤ預言は旧約の肉の肉、骨の骨、髄の髄、生命の生命である」と書いている（『ロマ書の研究』）。

なお、次の箇所がメシア預言である。

創世記3章15節（女の子孫から）、49章10節（ユダ部族から）、Ⅱサムエル7章12〜13節（ダビデの家系から）、イザヤ7章14節（処女から）、53章5〜6節（身代わりの十字架）、ミカ5章2節（聖書協会共同訳1節、ベツレヘムに生まれる）、ダニエル9章25〜26節（メシアとしてAD三二年に出現）、ゼカリヤ9章9節（ロバに乗ってエルサレム入城）、12章10節（釘付け）、詩篇22篇1節（聖書協会共同訳2節、十字架上のことば）、18節（聖書協会共同訳19節、くじで着物を分ける）、69篇21節（聖書協会共同訳22節、苦みを混ぜたぶどう酒）、110篇1節（神の右の座に着く）、118篇22節（隅の要石）。

⑧信仰の類比に従った解釈

教会が告白する信仰告白、教会が持っている教理全体の光に照らして、一つ一つの聖句を解釈する。これは聖書の根本的な教理にだけ言える。「類比」は「類推」とも言う。正しい解釈を手助けするものに信仰問答（カテキズム）があり、これは使徒信条や十戒、主の祈りなど基本的信仰告白を説き明かしている。『ハイデルベルク信仰問答』（一五六三年）はそのための格好のものである。この問答の解説書がいろいろ出版されているので、参考にすると良い。

⑨聖書の類比に従った解釈

聖句はもっと明確な他の箇所の聖句によって解釈する。『ウエストミンスター信仰告白』（一六四六年）第1章9節「聖書解釈の無謬の規準は聖書自身である。したがって、どの聖句も真の完全な意味について疑問のある場合も、もっと明らかに語る他の個所によって探究し、知らなければならない」とある。たとえばローマ14章1節以下の「信仰の弱い人」とはどんな人のことかは、Iコリント8章1節以下の「偶像に献げた肉」を食べる人を見て心を痛めたり、むりやり食べさせられたりした人のことである。「信仰の弱い人」とは、主イエス・キリストの救いの恵みに拠り頼むことができないでいる人のことである。

⑩聖霊の働きによる解釈

聖書は神の霊感によって書かれたものであるとすれば、解釈者は信仰と祈りをもって聖霊の助けを求めて解釈する。したがって、解釈者は聖霊によって新生していることが前提である。

Iコリント2章14節「生まれながらの人間は、神の御霊に属することを受け入れません。それらはその人には愚かなことであり、理解することができないのです。御霊に属することは御霊によって判断するものだからです。」

⑪新約聖書の優位性にもとづく解釈

旧約聖書は救い主の準備の時代の未完の書であるのに対して、新約聖書は救い主が到来した成就の時代の書であるという、新約聖書の優位性に基づいて解釈する。旧約は影であって、実物ではない。ヘブル10章1節「律法には来たるべき良きものの影はあっても、その実物はありません。」、コロサイ2章16～17節「食べ物と飲み物について、あるいは祭りや新月や安息日のことで、だれかがあなたがたを批判することがあってはなりません。これらは、来たるべきものの影であって、本体はキリストにあります。」とあるとおりである。

⑫新約聖書の書簡の優先性にもとづく解釈

福音書の正しい理解は書簡の光に照らされて解釈する。

マタイ26章26～28節「また、一同が食事をしているとき、イエスはパンを取り、神をほめたたえてこれを裂き、弟子たちに与えて言われた。『取って食べなさい。これはわたしのからだです。』また、杯を取り、感謝の祈りをささげた後、こう言って彼らにお与えになった。『みな、この杯から飲みなさい。これは多くの人のために、罪の赦しのために流される、わたしの契約の血です。（略）』」は、Ⅰコリント11章23～26節「私は主から受けたことを、あなたがたに伝えました。すなわち、主イエスは渡される夜、パンを取り、感謝の祈りをささげた後それを裂き、こう言われました。『これはあなたがたのための、わたしのからだです。わたしを覚えて、これを行いなさい。』食事の後、同じように杯を取って言われました。『この杯は、わたしの血による新しい契約です。飲むたびに、わたしを覚えて、これを行いなさい。』ですから、あなたがたは、このパンを食べ、杯を飲むたびに、主が来られるまで主の死を告げ知らせるのです。」で解釈される。

課題

1　何を学んだかをまとめてみよう。

2　文脈を無視した解釈をしていないか、誤解をしていないか、振り返って例を挙げてみよう。

2―2　解釈の方法

◆ポイント

聖書解釈の方法には①著者の思想を読み取ること ②語句の意味を正しく理解すること ③聖書特有のことばは聖書辞典を引くこと ④原語を知ること ⑤当時の生活・風俗・習慣・制度などを知ること ⑥歴史的背景を知ること ⑦地理を知ることがある。

聖書解釈学の成果で解釈の原則に基づき、具体的にどのような方法で聖書を解釈していくのか。次の①〜⑦がある。

①著者の思想を読み取ること

国語の入試問題にもあるように、著者の言いたいことは何か、どういう考えを持っているのかを読み取ることが一番重要である。そのためには次のａ〜ｃを基本作業とする。

a　本文から思想を書いた文章を探し出す

聖書協会共同訳の巻末にある付録「聖書について」にⅠ列王17章1節「私が仕えているイスラエルの神、主は生きておられる」を引いて「この言葉は、聖書の全内容を表している。」と書いている。聖書の各巻にもその巻の中心思想を表している文・文章がある。以下に例を挙げておこう。

〈例〉マタイ1章22節「主が預言者を通して語られたことが成就するためであった」をはじめ、同様の文言が同福音書に繰り返し出てくる。同福音書は、イエスにおいて預言の成就として旧約聖書を引用している。

〈例〉ヨハネ20章31節「これらのことが書かれたのは、イエスが神の子キリストであることを、あなたがたが信じるためであり、また信じて、イエスの名によっていのちを得るためである」は、この福音書の執筆の目的を書いている。ヨハネの福音書はイエス・キリストを証ししており、それを信じていのちを得るようにと書かれている。

〈例〉使徒1章8節「聖霊があなたがたの上に臨むとき、あなたがたは力を受けます。そして、エルサレム、ユダヤとサマリアの全土、さらに地の果てまで、わたしの証人となります」は「使徒の働き」の中心のことばで、ルカは聖霊による世界への福音宣教を語る。

〈例〉ローマ1章16〜17節「私は福音を恥としません。福音は、ユダヤ人をはじめギリシア人にも、信じるすべての人に救いをもたらす神の力です。福音には神の義が啓示されていて、信仰に始まり信仰に進ませるからです。『義人は信仰によって生きる』と書いてあるとおりです」はローマ人への手紙の主題である。ここに信仰の中心となる事柄が凝縮されている。

b　著者特有の用語・表現・キーワードを探し出す

〈例〉ルカの福音書の「捜す」「見つける」は、イエス（神）が人を「探す」「見つける」場合と、人がイエスを「捜す」「見つける」場合とがある。詳細は後述する（4－1②）。

〈例〉ルカの福音書の「祈る」は、主イエスの祈る姿、祈りの重要性をしばしば描いている。詳細は後述する（4－1③）。

〈例〉ルカの福音書の「山」とマタイの福音書の「山」の違い。マタイでは「山」は神の啓示の場所、ルカにとっては祈りの場所。マタイは「山上の説教」に対し、ルカは「平地の説教」と呼ばれる。詳細は後述する（4－1⑥）。

〈例〉ヨハネの福音書の「どこ」はイエスが誰であるかを「どこにいるのか」「どこから来

てどこへ行くのか」の表現で問う。詳細は後述する（4－1①）。

〈例〉ヨハネの福音書では「証しする」（証言する）が重要なキーワードである。原語マルトゥレオーは本書に三十三回も使用されている（マタイの福音書一回、マルコの福音書〇回、ルカの福音書二回）。ヨハネの福音書は主イエスについての証しの書である。「まことの光」である主イエスを証しし、それによって人々が主イエスを救い主であると信じるようになり、主イエスによるまことのいのちを受けるために、この福音書は書かれた（20章31節）。

イエスが神の子キリストであると証言するものは八つある。

(1) バプテスマのヨハネの証言↓ヨハネ1章7～8節、29節、36節、5章33節
(2) 父なる神の証言↓ヨハネ5章37節、8章18節
(3) イエスのわざによる証言↓ヨハネ5章36節、10章25節
(4) 旧約聖書の証言↓ヨハネ5章39節
(5) イエス自身の証言↓ヨハネ8章18節
(6) イエスと出会った人々の証言↓ヨハネ9章25節、38節
(7) 聖霊の証言↓ヨハネ15章26節
(8) 福音書記者の証言↓ヨハネ19章35節

c　聖書概論書や聖書辞典を読む

概論書や辞典には必ず聖書の各巻の要点、特徴、目的などが書かれているので、参考にすると良い。

課題

1　福音書やパウロ書簡から著者の思想を書いた文章を探し出そう。

2　マタイの福音書から「主が預言者を通して語られたことが成就するためであった」と同様の文言をすべて書き出そう。

3　ヨハネの福音書に多く使われていることば・表現を探し出そう。

4　聖書辞典を引いて見出しに立てられていない項目がないか調べてみよう。

②語句の意味を正しく理解すること

そのためにこ次のa〜eを行う。

a　文脈から意味を限定する

先に述べたように、文脈、文章の前後関係を無視してはならない。文脈を無視すれば反対の意味にさえなることがあるので注意しなければならない。

〈例〉Ⅱコリント5章1〜4節の「幕屋」は「肉体」のこと。

b　著者自身の定義があれば、それに従う

〈例〉「永遠のいのち」はヨハネ17章3節「永遠のいのちとは、唯一のまことの神であるあなたと、あなたが遣わされたイエス・キリストを知ることです」による。「神の家」はⅠテモテ3章15節「神の家とは、真理の柱と土台である、生ける神の教会のことです」による。

c　並行記事を参照する

引照つき聖書には並行記事の箇所が欄外に書かれている。共同訳聖書なら見出しの横に書かれている。たとえばマタイ4章1～11節は悪魔の試みの話であるが、新改訳の1節の欄外を見ると、マルコ1章12～13節、ルカ4章1～13節が引照されている。共同訳は「試みを受ける」と小見出しが付けられ、その下に同様の箇所が書かれている。

d　たとえの意味を理解する

これについては「3－1　たとえ話（パラブル）の解釈」を見よ。

e　新約聖書の背景にある旧約聖書の例を探す

新約聖書のことばや出来事は、旧約聖書に背景を持つことが多い。

〈例〉神がそばを通り過ぎる

マルコ6章48節は出エジプト33章20～22節に出てくる。詳細は後述する（4－2①）。

〈例〉神の子羊（神の小羊）

ヨハネ1章29節は出エジプト12章1～14節、イザヤ53章7節に出てくる。詳細は後述する（4－2⑤）。

〈例〉身代わりの十字架

何の罪もない神の子、主イエスが私たちの罪を背負って不当な苦しみを受け、十字架にかかって死んでくださった。主イエスの姿はイザヤ53章における、民の罪の贖いのために罪なくして自らの命をささげた「苦難のしもべ」の預言の成就、実現である。

〈例〉いのちのパン

ヨハネ6章35節は出エジプト16章15節に出てくる。詳細は後述する（4－2⑦）。

〈例〉良い牧者（良い羊飼い）

ヨハネ10章11節はエゼキエル34章11～16節に出てくる。詳細は後述する（4－2⑧）。

〈例〉食べて満腹した

マルコ6章42節はⅠ列王17章8～16節、Ⅱ列王4章42～44節に出てくる。詳細は後述する（4－5④）。

〈例〉子ろばに乗る

マルコ11章7節はゼカリヤ9章9節に出てくる。詳細は後述する（4－5⑦）。

課題

1　福音書の並行記事を比較し、気づいたことを書きだそう。

2　旧約聖書を背景に持つ新約聖書の例を探そう。

③聖書特有のことばは聖書辞典を引くこと

国語辞典の一つ『三省堂国語辞典　第7版』で「めぐみ」を引くと、「①［神仏や人からの］ありがたい思いやり。②生み出す利益」とある。これでは聖書の「恵み」はわからない。聖書特有の「キリスト教用語」は国語辞典の解釈ではなく、『新聖書辞典』『新キリスト教辞典』『聖書大辞典』『聖書思想事典』など、聖書辞典を引いて解釈する。専門用語（術語）は国語辞典ではなく、専門用語の辞典を引く。なぜなら語形が同じでも一般語と意味・用法は異なるからである。

〈例〉神の義

「義」を『岩波国語辞典　第8版』で引くと「①条理。正しい道。道理にかなったこと。人道に従うこと。」とあり、これでは「神の義」はわからない。

「神の義」はローマ人への手紙の主題であり、最重要語句である。ルターはもともと修道士であったが、彼を悩ませていたのが「神の義」。「義」すなわち「正しさ」なら、神の義によって裁かれたら滅ぼされるしかないという思いから、救いの確信と平安を得ることができなかった。詩篇71篇に「あなたの義」すなわち「神の義」が五回出てくる（2節、15節、16節、19節、24節）。2節「あなたの義によって私を救い　助け出してください」とあり、「神の義」が自分を救うように語られている。また15節「あなたの義と救い」と「救い」と並列されている。「義」が「救い」のことばとして語られているのがどうしても理解できなかった。

同様に理解できなかったのがローマ1章17節「福音には神の義が啓示されていて、信仰に始まり信仰に進ませるからです。『義人は信仰によって生きる』と書いてあるとおりです。」しかしルターはついに「神の義」とは、神が神の正しさによって人を裁くのではなくて、神がご自分の義によって罪ある人間を「義と認める」ということを発見した。つまり「神の義」は、神が義なる方、正しい方であると同時に、神がご自身の義を与えることによって罪人を義として救ってくださることを意味している。福音が信じる者すべてに救いをもたらす神の力である理由は「福音には神の義が啓示されている」からである。この真理に基づき宗教改革が起こり、プロテスタント教会が生まれた。
したがって「神の義」は二重の意味を持つ。ただ神の性質としての義だけではなく、人に与えられる義、「義と認められる」ことである。これがイエス・キリストの福音によって現された。神はイエスにおいてご自身の義を現し、人を罪から救う義を現した。ローマ3章21～22節「しかし今や、律法とは関わりなく、律法と預言者たちの書によって証しされて、神の義が示されました。すなわち、イエス・キリストを信じることによって、信じるすべての人に与えられる神の義です。」、ガラテヤ2章16節「人は律法を行うことによってではなく、ただイエス・キリストを信じることによって義と認められると知って、私たちもキリスト・イエスを信じました。律法を行うことによってではなく、キリストを信じることによって義と認められるためです。」
罪に満ちており、どんなに努力しても自分で義なる者となり、救いにふさわしい者となることができない私たちに、神がご自分の義を与えてくださり、私たちを義なる者、正しい者としてくださる、つまり私たちの罪を赦してくださる。
Ⅱコリント5章21節「神は、罪を知らない方を私たちのために罪とされました。それは、私たちがこの方にあって神の義となるためです。」

キリストの福音において啓示されている「神の義」は信じる者すべてに救いをもたらし、プレゼントのように私たちに差し出されている。そのプレゼントを喜んでいただくことが信じること、信仰である。

「義人は信仰によって生きる」はハバクク2章4節からの引用。「義人」とは信仰によって義とされた人のこと。その「信仰」とは主イエス・キリストの十字架と復活によって神が与えてくださる義をいただくこと。「義人は信仰によって生きる」はただ信仰によってのみ義とされ、生きるということ。「イエスのすべてのみわざこそ、人を神とのこの新しい尊い関係の中に入らしめたというのである。恐れは去り、愛が到来し、人がかつて敵と思っていた神が今や友となったのである」（ウィリアム・バークレー）。

〈例〉恵み

「恵み」は聖書特有の代表的なことばである。

旧約聖書では「真実」「まこと」とともに契約用語として、神がイスラエルを顧み、あわれみ深いことを表す。出エジプト34章6～7節「主、主は、あわれみ深く、情け深い神。怒るのに遅く、恵みとまことに富み、恵みを千代まで保ち、咎と背きと罪を赦す」、申命記7章9節「主は信頼すべき神であり、ご自分を愛し、ご自分の命令を守る者には恵みの契約を千代までも守られる。」とある。

新約聖書では「恵み」（原語カリス）とは「神の恵み」「キリストの恵み」で、受けるに値しない者に与えられた神の愛の顧み、恩恵である。具体的には、

(1) 罪の赦し、救いの恵み。ローマ3章24節「神の恵みにより、キリスト・イエスによる贖いを通して、価なしに義と認められるからです。」、エペソ2章8節「この恵みのゆえに、あなたがたは信仰によって救われたのです。」

(2) 福音宣教の恵み。パウロは異邦人への宣教のために使徒とされた。ローマ1章5節「この方によって、私たちは恵みと使徒の務めを受けました。」

(3) 奉仕の賜物の恵み。ローマ12章6節「私たちは、与えられた恵みにしたがって、異なる賜物を持っているので」。

信仰者は「恵み」によって召され、「恵み」によって導かれ、「恵み」のもとにいる。ローマ5章2節「このキリストによって私たちは、信仰によって、今立っているこの恵みに導き入れられました。」

〈例〉善意

聖書の「善意」は一般日本語の「善意」と意味が異なる。ローマ15章14節の「善意」の原語アガソスネーは、互いに対して開かれた姿勢の中に表された誠実さである。叱ったり、訂正したり、訓練したりすることができる高潔さである。「善意」は人のことば

や行いを開かれた心で受け止めることができることである。相手の思いを受け止めつつ自分の思いをもきちんと伝えていくという心が「善意」である。

そのほか次のような例がある。

〈例〉「天が裂ける」（マルコ1章10節）は天の異常気象ではない。詳細は後述する（4－3⑤）。

〈例〉「御霊が鳩のように降《くだ》る」（マルコ1章10節）の「鳩のように降る」の意味することは鳩の動きにたとえたのではない。詳細は後述する（4－3⑥）。

〈例〉「人の子」（マルコ8章31節）はただの人間の意味ではない。詳細は後述する（4－3⑦）。

〈例〉「知る」（ヨハネ17章3節）は単なる知的理解ではない。詳細は後述する（4－3㉔）。

〈例〉「罪」（ローマ3章23節）は法律違反のことではない。詳細は後述する（4－4④）。

課題

1　「いと高き方」（詩篇9篇2節［聖書協会共同訳は3節］、91篇1節）、「いと高き神」（創世14章18節）、「いと高き神の子」（マルコ5章7節、ルカ8章28節）はどういうことか説明せよ。

2 「ハレルヤ」とはどういうことか説明せよ。

3 「ホサナ」とはどういう意味か調べよう。

4 「祝福する」とはどういうことか説明せよ。

④原語を知ること

旧約聖書の原語ヘブル語、新約聖書の原語ギリシア語の知識を多少持つと解釈に役立つ。そのために片山徹『新約聖書ギリシヤ語入門』（キリスト教図書出版社）や大久保史彦『聖書が原語で読めたなら』（聖書語学同好会）などは入門書として勧める。また新約聖書の原語の意味・用法は、拙著『新約聖書のキーワード』（新生宣教団）やウィリアム・バークレー『新約聖書のギリシア語』（日本キリスト教団出版局）を参照せよ。詳しく知りたいときは『ギリシア語新約聖書釈義事典』全三巻（教文館）を参照せよ。新約聖書でギリシア語がどういう意味でどこに何回使われているかを一覧した便利な本がある。J. B. Smith著 *GREEK-ENGLISH CONCORDANCE* (HERALD PRESS)である。『旧約新約　聖書語句大辞典』（教文館）は口語訳の語句のコンコルダンスで、巻末の旧約聖書原語索引と新約聖書原語索引は便利である。

〈例〉新しく生まれる（聖書協会共同訳「新たに生まれる」）（ヨハネ3章3節）の「新しい」のギリシア語アノーセンは「新しい」「上から」「再び」の意がある。詳細は後述する（4－3⑭）。

〈例〉「罪」のヘブル語ハッタース、ギリシア語ハマルティアはいずれも「的を外すこと」。詳細は後述する（4－4④）。

〈例〉「契約」のギリシア語ディアセーケー（ヘブル7章22節）は「遺言」の意。詳細は後述する（4－4⑤）。

〈例〉「悔い改める」のヘブル語シューブは「帰る」、ギリシア語メタノエオーは方向転換する意。

〈例〉「わたしだ」（ヨハネ6章20節）のギリシア語エゴー・エイミは神がモーセにご自分の名を明かしたときのギリシア語訳。詳細は後述する（4－4⑥）。

〈例〉「わたしはある」（ヨハネ8章24節、28節、58節、18章5節）のギリシア語エゴー・エイミ。新改訳2017は、ヨハネ8章24節の欄外注に原語ギリシア語は「エゴー・エイミ」であり、「わたしは『わたしはある』という者である」という神の自己顕現の表現に由来することを書いている。詳細は後述する（4－4⑦）。

課題

1　「アーメン」の語源と意味・用法を調べよう。

2　「キリスト」の語源と意味・用法を調べよう。

⑤当時の生活・風俗・習慣・制度などを知ること

当時の生活・風俗・習慣・制度などを知れば、聖書の理解がより深くなる。テレビドラマや映画には時代考証がつきものである。労働・教育・衣食住はどんなものであったのか、どんなしきたりや掟があったのかなどを書いた専門書は多くあるが、簡単なものにジョン・ビムソン著『わかりやすい旧約時代の生活ハンドブック』（ＣＳ成長センター）、『カラー版聖書大事典』（新教出版社）、『カラー聖書ガイドブック』（いのちのことば社）、ウィリアム・バークレーの聖書註解シリーズなどがあるので参照せよ。以下の記述はこれらによる。

〈例〉「履き物を脱ぐ」（聖書協会共同訳「履物を脱ぐ」）は買い戻しの権利を譲ることを表す（出エジプト3章5節、ヨシュア5章15節、ルツ4章7節）。「履き物を脱がされた者」「履物を脱がされた者」はその権利を奪われ侮辱されることを表す（申命25章9～10節）。

〈例〉食事の仕方　「胸のところで横になる」（ヨハネ13章23節）、「アブラハムの懐」（ルカ16章22節）とは、Ｕ字形の食卓に左肘を突いて寝そべり右手で食事をするので、右側にいる人の頭が自分の胸の前に来るためにこう言う。

〈例〉「最高法院」（原語サンヘドリン）はユダヤの最高法院。ＢＣ三世紀にでき、ＡＤ七〇年のエルサレム滅亡まで続いた。七十人の議員（祭司二十四人、

長老二十四人、律法学者二十二人）に議長が大祭司の計七十一人からなる。

〈例〉ユダヤの三大祭りは過越《すぎこし》の祭り（種を入れないパンの祭り）と七週の祭り（五旬節）と仮庵の祭り（収穫祭）である。聖書協会共同訳はそれぞれ「過越祭《すぎこしさい》（除酵祭《じょこうさい》）」「刈り入れの祭り」「仮庵祭」と呼んでいる。

〈例〉家の構造・大きさについて、マルコ２章４節に屋根をはがして穴を開ける話が出てくる。これは、ユダヤの家の屋根は平坦で木の枝と泥でできており、外側に階段があって、簡単に屋上に上ることができたからである。一メートル間隔で梁が張られているので穴を開けることは簡単であった。

〈例〉過越の食事の仕方（マルコ14章17～26節）が規定されていた。ニサンの月の十四日午後、神殿で屠《ほふ》られた子羊の肉を日没（十五日）とともに食する。三人一組で低い長椅子に横たわり、U字形に並ぶ。左腕で体を支え、右手で食べる。

⑴　主人がぶどう酒の杯の祝福の祈りをし、杯四つのうちの一つにぶどう酒を注ぎ、すべての者がそれを飲む。

⑵　各人が苦菜を取り、塩水に浸す。

⑶　主人は平たい種なしパン一枚（三枚のうちの一枚）を取り、裂き、そのうちのいくつかを取りのけておく。

(4)　主人が一番若い者の求めに応じて最初の過越の出来事を話し、詩篇113、114篇を歌う。
(5)　二番目の杯にぶどう酒を注ぎ、回し飲む。
(6)　食事の前に手を洗い、祈りをささげ、パンを裂く。ソースにつけた苦菜を回す（イエスがユダにひたしたものを与えたのはこれ）。
(7)　焼いた子羊を食べる。
(8)　マルコの福音書に書いてある最後の晩餐を行った記事はここからである。別にしてあったパンを裂き、三番目の杯（祝福の杯）を回し飲む（「これは……である」）。
(9)　詩篇115〜118篇を歌う。
(10)　四番目のぶどう酒の杯を回し飲む。

〈例〉安息日は金曜日の日没から次の日の日没まで。安息日を守るための三十九か条の禁止事項があった（マルコ3章2節、ルカ6章6〜11節、13章10〜17節、14章1〜6節）。詳細は後述する（4−5②）。

〈例〉足を洗う（ヨハネ13章2〜11節）のはしもべ、奴隷の仕事であった。詳細は後述する（4−5⑩）。

〈例〉デナリ銀貨（聖書協会共同訳「デナリオン銀貨」）は当時、ローマの税金の一つである人頭税として要求されていた。当時の一日の賃金に相当する。デナリ銀貨には皇帝ティベリウスの肖像と「崇高なる皇帝ティベリウス　神聖なるアウグストゥスの子」と銘が刻まれていた。裏にはその母の彫像と「母なる神」と刻まれていた。詳細は後述する（4－5⑧）。

〈例〉サドカイ人（聖書協会共同訳「サドカイ派の人」）は祭司ツァドクに由来し、祭司階級で大祭司を出す、富裕の貴族階級であった。ローマに協力した。彼らは三つの特徴があった。一つめはモーセ五書（創世記、出エジプト記、レビ記、民数記、申命記）のみを権威ある神のことばとして受け入れたこと。モーセ五書に書いてないことは否定した。したがって口頭伝承の律法（口伝律法）や預言者や諸書を聖書とみなさない。二つめは復活を否定していたこと。魂は肉体とともに死ぬと考えていた。これもモーセ五書に書いていないからである。三つめは天使の存在を否定していた。詳細は後述する（4－5⑯）。

〈例〉パリサイ人（聖書協会共同訳「ファリサイ派の人」）とは、旧約聖書の中でも比較的新しく書かれた書物、ユダヤ人たちの間で言い伝えられてきた教え（口伝律法）を受け入れ、重んじていた。厳格な律法遵守を特徴とする。語源はヘブル語「ペルシム」で「分離される者」というあだ名からという。人は死んでも魂が残り、復活すると信じていた。ただし、死んだときの体をもって現れると考えていた。またユダヤ人がよみがえる場所はパレスチナと信じていた。詳細は後述する（4－5⑰）。

〈例〉ツァラアト（聖書協会共同訳「規定の病」）はヘブル語で、七十人訳のギリシア語聖書が「レプラ」と訳したことから、新約聖書のギリシア語も「レプラ」。どんな病気であったかは不明。詳細は後述する（4－5①）。

〈例〉ヘロデの第二神殿。「宮」（原語ヒエロン）とはエルサレム神殿全体また「異邦人の庭」を指す。なお、聖所と至聖所はナオスと言う。この神殿はヘロデ大王によって建設された壮麗な神殿で、神殿の中に柱廊に囲まれた広い庭「異邦人の庭」（間口四五〇メートル、奥行き三〇〇メートル）があり、その庭までは異邦人も入ることが許された。その奥にイスラエルの「婦人の庭」、さらに奥にイスラエルの「男子の庭」があった。その奥に「聖所」と「至聖所」があった。神殿の図（『新聖書辞典』六五三頁）参照。過越の祭り直前、神殿は大混雑していた。異邦人の庭で人々が売り買いしており、また両替人や鳩を

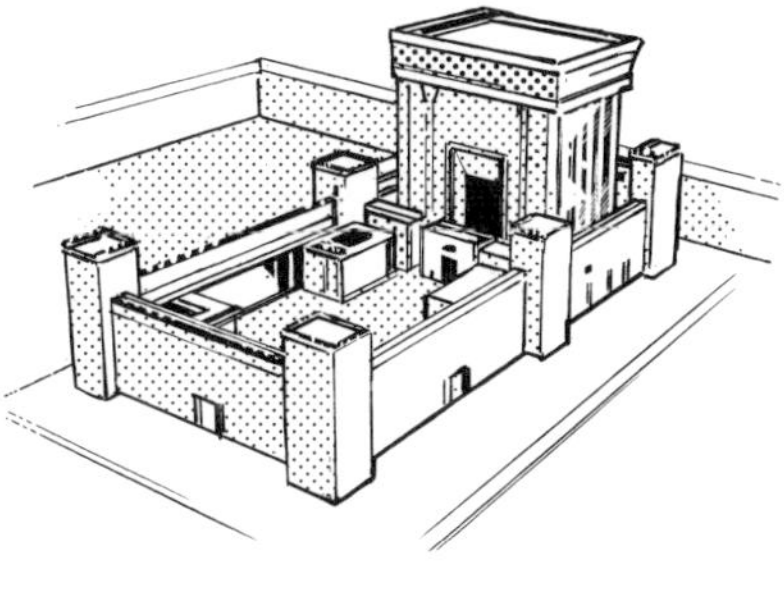

売る者たちがいた。毎年、二十歳以上のユダヤ人男性は神殿に納入金半シェケル（神殿税、二日分の賃金）をシェケル硬貨で納めなければならない。そこで両替人は外国硬貨をユダヤ人の硬貨シェケルに両替するとき法外な手数料を取っていた。鳩を売る者たちは産後の婦人のきよめやツァラアトのきよめなどの貧しい人の犠牲として献げる鳩を売っている人。これも神殿外の十倍以上の法外な料金で売っていた。その店は「アンナスの店」と呼ばれ、大祭司一族の財源であった。神殿の祭司たちは彼らに商売の免許を与え、多大なリベートを得ていた。異邦人の庭は俗化していた（マルコ11章15〜17節）。

課題

1　マルコ10章46〜52節は盲人バルティマイの癒やしの話であるが、50節に「上着を脱ぎ捨て」とある。この「上着」とはどんなものか。

2　ヨハネ9章2節から当時、障害者はどうとらえられていたのか考えよう。

⑥歴史的背景を知ること

聖書の時代史やその背景を書いた本で、簡単に手に入るものではフラウィウス・ヨセフス（AD三七〜一〇〇年頃）の『ユダヤ古代誌』（ちくま学芸文庫）、『ユダヤ戦記』（ちくま学芸文庫）、山我哲雄『聖書時代史　旧約篇』（岩波現代文庫）、佐藤研『聖書時代史　新約篇』（岩波現代文庫）があるので参照せよ。

〈例〉バビロン捕囚とエルサレム帰還……第一回捕囚（BC六〇五年）、第二回捕囚（BC五九七年）、第三回捕囚（BC五八七年）の三回にわたって、南ユダ王国成人男子四六〇〇人をバビロニアに強制的に移住させられた（Ⅱ列王24章14〜16節、25章11〜12節、21節、エレミヤ52章30節）。

〈例〉サマリア人とユダヤ人が犬猿の関係（Ⅱ列王17章6節、24節、33節、ヨハネ4章9節、ルカ9章52〜53節）である理由は後述する（4−6①）。

〈例〉一世紀のイスラエルとローマ帝国の関係について、当時、イスラエルの地はローマ帝国の支配下にあった。主イエスのお生まれになった時のヘロデ大王や、その息子で、主イエスが活動された時にガリラヤ領主であったヘロデ・アンティパスは、ローマ皇帝の承認の下に存在を許されたものであった。ローマの属国の王としてパレスチナを治めていたヘロデ大王がAD四年に死んだ時に、アケラオにユダヤとサマリアの南の国が与えられた。AD六年にローマが介入し、アケラオが解任され、一地方として行政長官を置いて治めた。カイザルへの税金はその時から課せられた。国粋主義者のユダに率いられていた熱心党は、税を拒否し反乱を起こした。AD七〇年、ユダヤ戦争によってエルサレムは滅亡。エルサレム神殿破壊はAD七〇年のこと（4－6③）。

〈例〉初代教会とローマ帝国の迫害

参考書に弓削達『ローマ皇帝礼拝とキリスト教徒迫害』（日本基督教団出版局）がある。ネロの迫害やAD八五年ユダヤ人会堂からキリスト教徒が追放される迫害などは後述する（4－6⑤）。

〈例〉地中海諸国に散らされたユダヤ人と生粋のユダヤ人の関係

ギリシア語を話すユダヤ人とヘブル語を話すユダヤ人の間に対立があった。使徒6章1～6節を見よ。

課題

1　バビロン捕囚について聖書の記述を抜き出せ。

2　ヘロデの神殿はどんな構造かを調べよう。

⑦地理を知ること

新約聖書によく出てくる地名、地理的特徴などは聖書地図や先に掲げた『わかりやすい旧約時代の生活ハンドブック』を参照せよ。場所はどこか知識も持っておくこと。

〈例〉イエスが活動した地、訪れた地、たとえばユダヤ・サマリア・ガリラヤ・カペナウム（聖書協会共同訳「カファルナウム」）・ナザレ・エルサレム・エリコ・ベタニア・ベツレヘム・オリーブ山・ヨルダン川・ガリラヤ湖などは、聖書の巻末の地図を見よ。

〈例〉パウロの伝道地は聖書の巻末の地図を見よ。

課題

1　出エジプトの経路を調べよう。

2　荒野とはどんな所かを調べよう。

3　パウロの書簡名に出て来るガラテヤ・コリント・エペソ（聖書協会共同訳「エフェソ」）ピリピ（聖書協会共同訳「フィリピ」）・コロサイはどこか調べよう。

3　聖書解釈学各論

各論は修辞的表現、たとえ話、寓喩、象徴、予型、預言などの解釈に関連した諸規則・原則を扱う。榊原康夫『聖書読解術』（いのちのことば社）を参考にした。

3—1　たとえ話（パラブル）の解釈

◆ポイント

たとえ話の解釈は、①当時の生活を知って、その場に身を置くこと ②たとえの中心点は一つであって、読み込みすぎないこと。

たとえ話をギリシア語でパラボレーと言う。「横に投げる」という意味で、本当に言いたいことの傍《かたわ》らに物語を投げる、言い換えれば、物語の横に本当の意味があるということ。

「比喩」「謎」とも訳される。

イエスが「たとえ」で話すには二重の目的があった。一つは心を開く者に神の国の奥義を具体的に「比喩」で語って理解しやすくするため。もう一つは心のかたくなな者にこの真理を隠すため。それで彼らにとっては「謎」となる。

解釈の注意点の一つは、当時の生活を知って、その場に身を置くこと。もう一つは、たとえの中心点は一つであって、読み込みすぎないこと。そのために

(a) なぜ、たとえ話をする必要があったのかという必要性を理解すること。

(b) たとえ話の語り出された契機・語り出しのことば・結びのことばに注意して主旨を理解する。〈例〉ルカ15章1～7節（いなくなった羊のたとえ）、16章19～31節（金持ちとラザロのたとえ）

(c) 主旨に関係することに限り、細かな道具立ての意味を解釈する。〈例〉ルカ15章11～32節（放蕩息子のたとえ）

〈例〉種蒔きのたとえ（マタイ13章1～23節、マルコ4章1～20節、ルカ8章4～18節）

種蒔きのたとえは、神の国が初めは見込みがなさそうに見えても最後には必ず驚くべき成果を見るということ。種を蒔いても成長には時間がかかるが、やがて成長を遂げた種は想像もできないほど豊かな実を結ぶこと。ここに希望を見いだす。

「種」は神のことばを指す。イエスの救いのことば、神の国の福音である。「みことば」の原語ホ・ロゴスは宣教を意味する教会の専門用語である。使徒4章4節「話を聞いた人々のうち大勢が信じ」（「話」は聖書協会共同訳「語った言葉」）、Iペテロ1章23～25節「あなたがたが新しく生まれたのは、朽ちる種からではなく朽ちない種からであり、生きた、いつまでも残る、神のことばによるのです。（略）あなたがたに福音として宣べ伝えられたことばです。」

「蒔く人」はイエス、また、福音宣教者、説教者のことでもある。

「道ばたに蒔かれた種」は無関心ゆえ、サタンが来て、種を持ち去られていく。「岩地に蒔かれた種」は根を張ることができず、ちょっとした試練で枯れてしまう。「茨に蒔かれた種」は世的な心遣いや富の惑わしによって芽がふさがれる。「良い地に蒔かれた種」はみことばを聞いて受け入れ、着実に成長し、多くの実を結ぶ。

〈例〉ぶどう園と農夫のたとえ（マルコ12章1～12節）

このたとえの背景にはイザヤ5章1～7節のぶどう畑の歌がある。そこではぶどう畑はイスラエル、その所有者は万軍の主、神は酸っぱいぶどうを実らせたぶどう畑を焼かれるのに任せ、踏み荒らされるのに任せる。こうして神の期待に応えないイスラエルに対する神の厳しい裁きが語られる。

一方、イエスのたとえはイザヤと違って収穫がある。主人は収穫のために十分準備して農夫たちに任せて出かけた。これは神が私たちの人生が豊かな実りを結ぶように整えて預けてくださっていることを語っている。

農夫たちがしもべたちを殺したというのは、宗教的指導者たちが、神が遣わした預言者たちを殺した（バプテスマのヨハネを含む）というたとえ。神をないがしろにすることである。神が存在しないがごとくふるまうこと。9節「やって来て、農夫たちを殺し、ぶどう園をほかの人たちに与えるでしょう」ということを無視し、神の裁きを無視すること。エレミヤ7章25～26節「あなたがたの先祖がエジプトの地を出た日から今日まで、わたしはあなたがたに、わたしのしもべであるすべての預言者たちを早くからたびたび遣わしたが、彼らはわたしに聞かず、耳を傾けもせず、うなじを固くする者となり、先祖たちよりも悪くなった。」

愛する息子を遣わしたというのは、イエスを遣わしたこと。

農夫たちは自分たちの権限を乱用し、財産を手に入れようと、愛する息子を殺し、投げ捨てたというのは、宗教的指導者たちがイエスを十字架につけて殺したこと、神の恵みを拒絶したことを表す。彼らはイスラエルの民を実り豊かなものとして保ち、神に返す責任があったが、それを忘れ、権威に酔っている。

農夫たちを殺し、ぶどう園をほかの人たちに与えるというのは、宗教指導者たちの権限をはぎ取り、他の者に与えるということ。これは神の正義を語っている。

このたとえは教会の所有権についての問題を提起している。牧師・教師たちは祭司長・律法学者・長老に対応し、これは彼らへの警告である。どんな計画も誰の利益に役立てられるのかという問いを彼らに突きつけている。また、福音の相続財産を排他的に主張する教派・教会への警告である。教会はイエス・キリストによって世から選ばれ、召し集められ、キリストを土台として建設されるキリストの体である。また同時にキリストからの使命を託されて世へと派遣され、世にあって世と共に世のために生きるものである。ヨハネ20章21節「父がわたしを遣わされたように、わたしもあなたがたを遣わします。」

教会はキリストのもの（所有）であり、イエス・キリストを主とし、この主に従う人たちの群れである。牧師や有力信徒のものでもない。

3―2　寓喩（アレゴリー）の解釈

◆ポイント
寓喩の解釈は、裏の本当の意味をつかむこと。

ギリシア語でアロ・アゴリューオーと言う。「ほかのことを述べる」意味で、文字どおりの意味ではなく、他の意味で使う、「物語になった長い隠喩」である。本当に伝えたいことを他の事柄に移し替え、その移し替えたほうのことばを表に出すことによって、そこから裏にある本当に伝えたい意味を感じ取らせるやり方。俗に言えば、ほのめかすことである。寓喩の長い形式のものが「寓話」で、イソップ物語がその代表。

〈例〉箴言5章15〜23節――「水溜め」「井戸」「泉」＝若いときの妻で、夫婦の正しい性関係のことを勧めている。

〈例〉ガラテヤ4章21〜31節――ハガル（奴隷）とサラ（自由）の寓喩。24節「比喩的な意味」の欄外注を見ると直訳「これは寓喩として語られています」とある。

3−3　象徴（シンボル）の解釈

◆ポイント
象徴の解釈は、中心点だけをつかみ、枝葉末節にうがった解釈をこじつけないこと。

ギリシア語でスンボレーと言う。「いっしょに投げる」意味で、ある事物がそれだけでなく、それと一緒にもう一つの意味を投げかけていること。それ自身の意味ではなく、何か別のことを指しているサインである。過去・現在・未来を問わず、霊的な真理を目に見える形で具現しているサインである。具体例は『キリスト教シンボル事典』『聖書象徴事典』を参照せよ。解釈の注意点は中心点だけをつかみ、枝葉末節にあまりうがった解釈をこじつけないこと。

象徴の種類に以下のものがある。

(a)　**奇跡の出来事**

〈例〉「雲の柱」「火の柱」（出エジプト13章21〜22節）は神の臨在を表す。

(b) 普通に存在する事物

〈例〉「香」(出エジプト30章8節「香のささげ物」〔聖書協会共同訳「香の供え物」〕、詩篇141篇2節「私の祈りが、御前への香として」、黙示録5章8節「香は聖徒たちの祈りであった」)は祈りである。

「雲」(出エジプト19章9節「わたしは濃い雲の中にあって、あなたに臨む」、マタイ17章5節「光り輝く雲が彼らをおおった」、24章30節「人の子が天の雲のうちに、偉大な力と栄光とともに来るのを見るのです」)は神の臨在の場所、またその象徴を表す。

「風」のヘブル語ルーアハは「息」「霊」とも訳される。ギリシア語プネウマも「息」「霊」とも訳される。「風」は聖霊のわざを表す(ヨハネ3章8節「風は思いのままに吹きます。その音を聞いても、それがどこから来てどこへ行くのか分かりません。御霊によって生まれた者もみな、それと同じです」)。

「雷」は神の臨在(出エジプト19章16節「雷鳴と稲妻と厚い雲が山の上にあって」)、神の裁き(Iサムエル2章10節「主は、はむかう者を打ち砕き、その者に天からの雷鳴を響かせられます。主は地の果ての果てまでさばかれます」)、神の声(詩篇104篇7節「水はあなたに叱られて逃げ　あなたの雷の声で急ぎ去りました」、黙示録4章5節「御座からは稲妻がひらめき、声と雷鳴がとどろいていた」)である。

(c)**夢や幻**

〈例〉ヨセフの夢（創世37章5～11節）

3―4　予型（タイプ）の解釈

◆ポイント

予型の解釈は、①中心点だけをつかむこと ②旧約の重要人物は新約の誰に当てはまるかを考えること ③旧約の重要な出来事は新約の何に当てはまるかを考えること。

ギリシア語でテュポスと言う。「原型」の意味。原型に粘土を押しつけて作られた型をアンチテュポス（模型・複製）と言う。予型はそれ自身に意味がある。それが将来も繰り返されることをあらかじめ示すもの。解釈の注意点は以下のとおり。

(a)　予型は象徴のある特殊なものなので、予型の解釈においては象徴の解釈の注意点がすべて当てはまる。

(b)　予型になる人物は旧約のイスラエルを救う歴史の中で重要な地位と役割を持つ人物な

ので、新約の誰に当てはまるかを考える。

(c) 予型になる出来事は旧約のイスラエルを救う歴史の中で画期的な大事件に限るので、新約の何に当てはまるかを考える。

予型の種類に以下のものがある。

①儀式・制度

〈例〉幕屋

ヘブル9章9節「この幕屋は今の時を示す比喩です」の旧約の「幕屋」は天にある聖所の写し。

〈例〉贖罪の日の儀式（レビ16章）は大祭司が年に一度だけ、罪を贖う動物の血を携えて至聖所に入る。これはただ一回きりで完全な贖いをする主イエス・キリストの十字架と比較するかたちで主の救いを表す。

②人物

〈例〉アブラハム（創世15章6節）は信仰義認の予型であ

る（ローマ4章）。

〈例〉モーセはイエス・キリストによる新しい契約の予型である（ヘブル9章、IIコリント3章6〜18節）。神の忠実なしもべイエスの予型（ヘブル3章1〜6節）であり、出エジプトの出来事はイエス・キリストの十字架と復活による贖いの予型である。

〈例〉ダビデ（エゼキエル34章23節「わたしは、彼らを牧する一人の牧者、わたしのしもべダビデを起こす」）は新約聖書に「ダビデの子」という形で使われることが多い。ダビデの子に約束されたメシアの成就者イエスの予型である（ローマ1章3節「御子に関するものです。御子は、肉によればダビデの子孫から生まれ」）。

〈例〉エリヤ（マラキ4章5節［聖書協会共同訳3章23節］）は預言者の代表で、救い主が現れるとき、その前に現れる預言者と考えられていた（マタイ17章10節、マルコ6章15節）。またバプテスマのヨハネをエリヤの再来と人々は見ていた（マルコ8章27〜28節）。

③大きな出来事

〈例〉出エジプトはイエス・キリストの贖いの予型である。

④演技

〈例〉イエスがいちじくを呪った（マルコ11章12〜14節、20節）は不信のイスラエルに対する神の裁きの厳しさの予型。

3―5　預言の解釈

◆ポイント

預言の解釈は、歴史的背景を調べ、その時代の人たちにどういう意味を持っていたのかを考えること。

預言はその時代とその聴衆に対して神に背いた罪の告発やさばきの宣告が語られることが多く、「わたしに信頼しなさい」という神のメッセージを持っているので、預言の歴史的背景を調べ、その時代の人たちにどういう意味を持っていたのかを考える。

〈例〉預言者エレミヤに託された主のことば（エレミヤ2章〜）。

課題

1　何を学んだかをまとめてみよう。

2　あなたは種蒔きのたとえをどう解釈していたか。

3　あなたは黙示録の戦いをどう解釈しているか。

4　聖書釈義例

以上の解釈の方法に基づいて例を挙げて説明し、釈義する。はじめに書いた文献や『説教者のための聖書講解 ── 釈義から説教へ』などを参考にして以下の説明をする。

4―1　著者の思想を読み取ること

◆ポイント
著者の思想を読み取るには、①本文から著者の思想を書いた文（文章）を探し出すこと②著者特有の用語・表現・キーワードを探し出すこと。

①どこ

ヨハネの福音書では「イエスは誰であるのか」という問いは「どこにいるのか」「どこから来てどこへ行くのか」という問いになって表されている。

ヨハネの弟子たちがイエスに言ったヨハネ1章38節「ラビ（訳すと、先生）、どこにお泊まりですか」は、ただ単に宿泊する場所を尋ねたのではない。イエスとの交わりを望んだ表現であり、イエスが何者であるかというキリスト論的な問いである。すなわちイエスが神の救いの計画の中でどこに位置しているのか、神とどういう関係にあるのかという問いである。だからこそイエスについて行って、どこに泊まっているのかを見届け、彼らもそこに泊まり、41節「私たちはメシア（訳すと、キリスト）に会った」と告白するようになった。その他、7章11節「あの人はどこにいるのか」、7章27節「私たちはこの人がどこから来たのか知っている」、9章12節「その人はどこにいるのか」などがある。

イエスはご自身がどこから来てどこへ行くのか知っておられた。8章14節「わたしは自分がどこから来たか、また、どこへ行くのか知っているのですから。しかしあなたがたは、わたしがどこから来て、どこへ行くのかを知りません。」

先の7章27節でエルサレムの人々は、イエスの出身地を知っているので、イエスはキリストではないと言う。メシアが来られる時はどこから来られるか、だれも知らないはずだと言う。メシアは突然現れると信じられていた。その他、6章42節、7章41～42節、9章29節も見よ。

イエスは自分勝手に来たのではない。父なる神から遣わされて来た。エルサレムの人々は知っていると言いながら、それを知らない。

イエスは十字架にかかり死んで復活後、天に帰る。このことを指して7章33節「わたしを遣わされた方のもとに行きます」と言う。ここに初めて「どこへ行く」と語られた。その他、16章16～19節を見よ。

7章34節「あなたがたはわたしを捜しますが、見つけることはありません。わたしがいるところに来ることはできません」とイエスは語る。ペテロは13章36節「主よ、どこにおいでになるのですか」と途方に暮れて問う。それに対してイエスは「わたしが行くところに、あなたは今ついて来ることができません。しかし後にはついて来ます」と言った。それはどういうことかを14章1～6節に語っている。「あなたがたは心を騒がせてはなりません。神を信じ、またわたしを信じなさい。（略）わたしが行って、あなたがたに場所を用意したら、また来て、あなたがたをわたしのもとに迎えます。（略）わたしが道であり、真理であり、いのちなのです。わたしを通してでなければ、だれも父のみもとに行くことはできません。」

②捜す・見つける

「捜す」「見つける」はルカの重要な語で、神殿で教える少年イエス、失われた羊・銀貨、放蕩息子、復活のイエスについて使われている。

ルカ2章42〜46節では、両親たちは帰路についたが、イエスはエルサレムにとどまっていたことに気づかなかった。女性は男性より一足先に出発し、野営地点で合流する。ヨセフはイエスがマリアと一緒だと思い込み、マリアはイエスがヨセフと一緒だと思い込んでいたのであろう。両親はイエスを「捜し回った」が、三日後に神殿にいるところを「見つけた」。イエスについて言う場合は「どこ」に関係し、人がイエスを「捜す」「見つける」が、その他の場合はイエスが人を「捜す」「見つける」。

ルカ15章4〜6節「いなくなった一匹を見つけるまで捜し歩かないでしょうか。見つけたら、喜んで羊を肩に担ぎ、家に戻って、友だちや近所の人たちを呼び集め、『一緒に喜んでください。いなくなった羊を見つけましたから』と言うでしょう。」、8〜9節「ドラクマ銀貨を十枚持っている女の人が、その一枚をなくしたら、明かりをつけ、家を掃いて、見つけるまで注意深く捜さないでしょうか。見つけたら、女友だちや近所の女たちを呼び集めて、『一緒に喜んでください。なくしたドラクマ銀貨を見つけましたから』と言うでしょう。」、32節「おまえの弟は死んでいたのに生き返り、いなくなっていたのに見つかったのだから、喜び祝うのは当然ではないか。」、24章5節「あなたがたは、どうして生きている方を死人の中に捜すのですか。」

③祈る

ルカにとって、イエスの祈りの生活は非常に重要なことであった。そのためイエスは重要な時にいつも祈っている姿を描く。

ルカ3章21節「祈っておられると」聖霊が下った。イエスは宣教のための力が与えられることを祈っていた。

6章12節「そのころ、イエスは祈るために山に行き、神に祈りながら夜を明かされた。」そして十二弟子を選んだ。

9章18節「イエスが一人で祈っておられたとき、弟子たちも一緒にいた。イエスは彼らにお尋ねになった。『群衆はわたしのことをだれだと言っていますか。』」同じ質問を弟子たちにも向け、ペテロの信仰告白「神のキリストです」を引き出した。そして22節に受難予告をする。

9章28～29節「イエスはペテロとヨハネとヤコブを連れて、祈るために山に登られた。祈っておられると、その御顔の様子が変わり、その衣は白く光り輝いた。」弟子たちはイエスの栄光の姿を見た。モーセとエリヤが現れ、イエスの最期について話していたのを見た。11章1節「イエスはある場所で祈っておられた。」そのあと、弟子たちの要請により、主の祈りを教えられた。

22章32節「わたしはあなたのために、あなたの信仰がなくならないように祈りました」と、この直後イエスを三度否定するペテロのために事前に祈ってくださった。この祈りに支えられてペテロは立ち直る。

22章41節「ご自分は弟子たちから離れて、石を投げて届くほどのところに行き、ひざまずいて祈られた。」ゲッセマネの祈りである。神の御心を求めての祈りの苦闘である。

23章34節「そのとき、イエスはこう言われた。『父よ、彼らをお赦しください。彼らは、自分が何をしているのかが分かっていないのです。』」は、十字架上での人々の罪のための赦しのとりなしの祈りである。

イエスにならって祈り続けた初代教会は聖霊が来る約束を待ちつつ祈っていた。ルカの『使徒の働き』でも祈りを

大切にしていたことがわかる。

使徒1章14節「彼らはみな、女たちとイエスの母マリア、およびイエスの兄弟たちとともに、いつも心を一つにして祈っていた。」イエスが昇天したのを見た人たちは集まり祈っていた。

2章42節「彼らはいつも、使徒たちの教えを守り、交わりを持ち、パンを裂き、祈りをしていた」、3章1節「ペテロとヨハネは、午後三時の祈りの時間に宮に上って行った」。4章24節「これを聞いた人々は心を一つにして、神に向かって声をあげた」はペテロとヨハネが逮捕され、釈放された後、弟子たちが二人と一緒に祈ったことを語る。

6章4節「私たちは祈りと、みとばの奉仕に専念します」は十二弟子が祈りを重要視していることが分かる。

12章5節「こうしてペテロは牢に閉じ込められていたが、教会は彼のために、熱心な祈りを神にささげていた」はペテロが逮捕されたとき、教会は祈りをささげたことを語る。

13章3節「そこで彼らは断食して祈り、二人の上に手を置いてから送り出した」は伝道旅行に先立って送り出す側が祈ったことを語る。

④今から後

「今から後」はルカの用語で、古い状態から新しい状態への決定的転換を意味する句。ルカ1章48節「今から後、どの時代の人々も私を幸いな者と呼ぶでしょう。」イエスは5章10節「今から後、あなたは人間を捕るようになるのです」と招かれた。イエスからの召命である。これは復活後の弟子たちの宣教を指す。22章69節「今から後、人の子は力ある神の右に着きます」はイエスが神の子として信じない者を裁くことを語っている。

⑤ただちに・すぐに

「ただちに」「すぐに」はルカの用語で、イエスの権威あることばによって古い状態から新しい状態（たとえば病が癒やされる）へと一大転換したことを表す。

ルカ1章64節「ただちにザカリヤの口が開かれ、舌が解かれ、ものが言えるようになって神をほめたたえた」、4章39節「イエスがその枕元に立って熱を叱りつけられると、熱がひいた。彼女はすぐに立ち上がって彼らをもてなし始めた」、5章25節「すると彼はすぐに人々の前で立ち上がり、寝ていた床を担ぎ、神をあがめながら自分の家に帰っていった」、8章44節「彼女はイエスのうしろから近づいて、その衣の房を触れた。すると、ただちに出血が止まった」、47節「イエスにさわった理由と、ただちに癒やされた次第を、すべての民の前で話した」、13章13節「そして手を置かれると、彼女はただちに腰が伸びて、神をあがめた」、18章43節「その人はただちに見えるようになり、神をあがめながらイエスについて行った」。

⑥山を下る

ルカ6章17節「イエスは彼らとともに山を下り、平らなところにお立ちになった」とあることから、マタイ5～7章の「山上の説教」に対して、ルカ6章17～49節は「平地の説教」「山麓の説教」と呼ばれる。ルカにとって山は祈りの場所であり、イエスは人々と共にいるために山を下りて山麓に来た。マタイにとって山は神の啓示の場所。

⑦民・民衆

ルカ7章29節「ヨハネの教えを聞いた民はみな、取税人たちでさえ彼からバプテスマを受けて、神が正しいことを認めました」とある「民」（聖書協会共同訳「民衆」、原語ラオス）はイエスのことばを聞き従う者。ルカの用語。民衆は神の前では罪人であることを認め、「神の正しいことを認めた」。だから、回心のバプテスマ「ヨハネのバプテスマ」を受けた。3

章15節「人々はキリストを待ち望んでいたので」の「人々」（聖書協会共同訳「民衆」）、21節「民がみなバプテスマを受けていたころ」の「民」（聖書協会共同訳「民衆」）、6章17節「おびただしい人々がそこにいた」の「人々」（聖書協会共同訳「民衆」）もラオス。このように新改訳は訳語が「民」「人々」と二種類あるが、聖書協会共同訳は「民衆」で統一している。

4―2　語句の意味を正しく理解すること

◆ポイント

語句の意味を正しく理解するために、①文脈から意味を限定すること ②著者自身の定義があれば、それに従うこと ③並行記事を参照すること ④たとえの意味を理解すること ⑤新約聖書の背景にある旧約聖書の例を探すこと。

①神がそばを通り過ぎる

マルコ6章45～52節は湖上を歩くイエスの話である。弟子たちが向かい風のため、漕ぎあぐねていたのをイエスはご覧になり、湖の上を歩いて弟子たちに近づき、48節「通り過ぎようと」した。これは神の前に立つことができない罪人である私たちに神ご自身が生きておられることを鮮やかにお示しになる、神の顕現《けんげん》のことである。「わたしは神だ」ということをここでお示しになろうとした。「わたしは神である。わたしがあなたがたとともにいる」ということ。舟の中で行き悩んでいる、途方に暮れているあなたがたを見守っていたという。

湖の上を歩く奇跡は旧約聖書に出てくる。ヨブ9章8節「神はただひとりで天を延べ広げ、海の大波を踏みつけられる」、詩篇77篇19節（聖書協会共同訳20節）「あなたの道は海の中」とある。

神の顕現は時によって初めは認められず、またしばしば畏敬の念に満ちた恐れを引き起こす。旧約聖書のモーセもこの体験をした。出エジプト33章20〜22節「『あなたはわたしの顔を見ることはできない。人はわたしを見て、なお生きていることはできないからである。』また主は言われた。『見よ。わたしの傍らに一つの場所がある。あなたは岩の上に立て。わたしの栄光が通り過ぎるときには、わたしはあなたを岩の裂け目に入れる。わたしが通り過ぎるまで、この手であなたをおおっておく。』」

エリヤも同じ体験をした。I列王19章11節「主は言われた。『外に出て、山の上で主の前に立て。』するとそのとき、主が通り過ぎた。」

②子どもたちのパンを小犬にやる

マルコ7章24〜30節はシリア・フェニキアの女の信仰の話である。彼女はイエスのことを聞きつけるとすぐやって来てイエスの足下にひれ伏して、娘の癒やしを願い続けた。

イエスは女に27節「子どもたち（＝ユダヤ人）のパン（＝救い）を取り上げて、小犬（＝異邦人）に投げてやるのはよくないことです」と言った。当時、異邦人は「犬」と呼ばれた。しかし、ここは「小犬」。原語は指小辞を使った語で愛情表現である。小さなかわいいペットの犬の意。したがって、イエスは声も愛情がこもったものであった。

それに対して女は28節「主よ。食卓の下の小犬でも、子どもたちのパン屑をいただきます」と答えた。「主よ」と呼びかけたのはマルコの福音書ではここだけである。女はへりくだって求めた。当時、両手で食べて、汚れた手はパンで拭って捨てた。それを小犬が食べた。女はへりくだってイエスの拒絶を明るくユーモアをもって返した。明るい信仰があった。

イエスは29節「そこまで言うのなら」と女にイエスは負かされた。女の語ったことばのゆえにイエスは女の熱意と信仰のことばを受け入れてくださった。

女には自分にこだわらないへりくだった姿が見られる。素直で望みを失わず信仰をもって求め続ける姿勢が見られる。謙遜は祝福の秘訣である。また、謙遜は神に信頼することを難しいとは思わない。神の言われることを無条件に身を委ねることができる。謙遜とは自らを無きに等しい者とし、最も小さき者となり、あるいは最も小さき者とみなされることを喜び、キリストのようにしもべとなることである。Iペテロ5章5節「神は高ぶる者には敵対し、へりくだった者には恵みを与えられる」、マタイ23章12節「だれでも、自分を高くする者は低くされ、自分を低くする者は高くされます。」

ある人がアウグスティヌス（三五四～四三〇年）に尋ねた。「天国の人たる資格は何ですか。」答えて言った。「謙遜。」では「第二は？」にも「謙遜」と答えた。謙遜の重要性がわかる逸話である。

③子どものように神の国を受け入れる

マルコ10章15節「子どものように神の国を受け入れる者でなければ、決してそこに入ることはできません。」これは、神の国は純粋に神の恵みの賜物ゆえに、人はただそれを受けることしかできない。それはまったく他者に依存して受け入れて生きる子どものように、努力や功績を根拠にせず、親に信頼するように、謙虚に受け入れる者だけが神の国に入ることができるという意味。

これは弟子たちへの批判でもある。誰が偉いかと争う（9章34～35節、10章35～37節）ことを止め、子どものように小さな者、低い者にならなければならない。イエスは子どもたちを抱き、手を置き、祝福された。この時、イエスは十字架への途上にあった。これは子どものような小さき者を神の国に招き入れる、祝福するために来たことを象徴的に表している。主は祝福を携えて来られた。主は無条件で祝福しようとしておられるのである。

④わが神、わが神、どうしてわたしをお見捨てになったのですか

マルコ15章33節「闇が全地をおおい」と闇が昼を覆ったのは、旧約聖書アモス8章9節「その日には――神である主のことば――わたしは真昼に太陽を沈ませ、白昼に地を暗くする」の実現で、神の裁きの象徴である。神の裁きの恐ろしさを表す。

34節のイエスの叫び「わが神、わが神。どうしてわたしをお見捨てになったのですか」は、人となったイエスが全人類の罪を背負って罪人となり、神の裁きを受けられたことを意味する。イエスの絶望の叫びに対して神は沈黙している。ご自身を罪人と等しくされたとき、イエスは神に見捨てられたのである。「エロイ、エロイ、レマ、サバクタニ」はアラム語。これは詩篇22篇1節（聖書協会共同訳2節）の引用である。

なぜイエスは神に見捨てられたのか。それはイエスが「まことの人」になられたからである。私たちと同じ罪人になられたからである。私たちが神に捨てられることがどんなに恐ろ

しいことかを示された。

　この叫びは祈りでもある。神のなさるやり方に対して絶望しながらも神に信頼し祈り続ける。「わが神」と、神に向かう「神の子」を見る。私たちは絶望してもイエスのように絶望することはない。神に向かって、なぜ私を見捨てたのか、私はひとりぼっちだと思ったとき、イエスはともにおられる。イエスがすでに苦しみを味わってくださったのである。ヘブル２章17～18節「神に関わる事柄について、あわれみ深い、忠実な大祭司となるために、イエスはすべての点で兄弟たちと同じようにならなければなりませんでした。それで民の罪の宥めがなされたのです。イエスは、自ら試みを受けて苦しまれたからこそ、試みられている者たちを助けることができるのです。」

⑤神の子羊（聖書協会共同訳「神の小羊」）

　バプテスマのヨハネはイエスが自分のほうに来られるのを見て「見よ、世の罪を取り除く神の子羊」（ヨハネ1章29節）と言った。「神の子羊」は次のことを意味する。

(a)　イエスが過越の子羊として十字架で人々の罪の贖いをすることを表す。もともと出エジプトのとき、子羊の血を鴨居に塗った家は神の怒りが過ぎ越したところから来ている（出エジプト12章1〜14節）。イエスを過越の子羊と考えた。

(b)　また神殿で毎日人々の罪のために犠牲として献げられる子羊のように、イエスが人々を罪から解放する唯一の犠牲と考えた。Iペテロ1章18〜19節「あなたがたが先祖伝来のむなしい生き方から贖い出されたのは、銀や金のような朽ちる物にはよらず、傷もなく汚れもない子羊のようなキリストの、尊い血によったのです。」

(c)　さらに屠《ほふ》り場《ば》に引かれていく子羊の預言のように、イエスこそそれであると考えた。イザヤ53章7節「彼は痛めつけられ、苦しんだ。だが、口を開かない。屠り場に引かれて行く羊のように、毛を刈る者の前で黙っている雌羊のように、彼は口を開かない。」

(d)　当時、角を持つ子羊は勝利者の象徴であったことから、イエスこそ死に勝利した子羊と考えた。よみがえりの勝利の主である。黙示録5章6節「また私は、御座と四つの生き物の真ん中、長老たちの真ん中に、屠られた姿で子羊が立っているのを見た。」

⑥カナの婚礼の奇跡

ヨハネ2章1節「それから三日目に、ガリラヤのカナで婚礼があり」の「三日目」はイエスの復活が三日目であることと関連づけられる。婚礼は神の国の到来の食卓として祝われる。よってイエスの十字架後、復活によって贖いが完成し、神の国が到来したので、ユダヤ教で到達できなかった神の国の食卓がイエスの到来によって完成したということを表す。マタイ22章1～14節、ルカ14章15～24節（婚礼の祝宴のたとえ）を参照せよ。

3節「ぶどう酒がなくなる」とは喜びがなくなるということで、ユダヤ教によって神の国の祝宴の喜びは完結されないことを表す。旧約の限界を示す。

6節「石の水がめが六つ」はユダヤ教の不完全さを表し、イエスによって食卓が満たされて完結する。

イエスは水をぶどう酒に変えた。これはイエスの到来によって律法の不完全さを恵みの完全さに変えたことを表す。イエスの十字架の贖いを通してキリスト教がユダヤ教を超克し、まったく新しいものにすることを表す。イエスのわざとことばによって新しい時代になったことが示されている。

9節「汲んだ給仕の者たちはそれがどこから来たのを知っていたが、世話役は知らなかった。」「どこから来る」は、イエスはだれかということ。水を汲んだ人たちは、イエスからこの喜びが来ることを知っていた。彼らはそのイエスのしもべとして生かされている喜びを味わっていたであろう。

イエスは11節「これを最初のしるし」として行って「ご自分の栄光を現された」。イエスが神のひとり子、まことの神であることを示された。

⑦いのちのパン（聖書協会共同訳「命のパン」）

ヨハネ6章35節「わたしがいのちのパンです」はイエスが神から遣わされた、永遠のいのちを与えるお方であることを表す。

群衆は腹を満たしてくれる政治的メシアを期待しているが、イエスはそれを拒絶した。イエスは27節「永遠のいのちに至る食べ物のために働きなさい」と霊的な飢えの満たしを求めるように語った。

27節「それは、人の子が与える食べ物です」はイエスが永遠のいのちを与える方であることを意味する。「神である父が証印を押されたのです」とはイエスが神の真理であるということ。イエスは神のことばが肉体をとって来られた方であり、人に永遠のいのちを与える方である。

群衆は28節「神のわざを行うためには、何をすべきでしょうか」と問う。イエスは29節「神が遣わした者をあなたがたが信じること、それが神のわざです」と答えた。すなわちイエスに対する信仰が神のわざであるという。神が人に求めている唯一のわざは神への信仰である。

ところが群衆は30節「見てあなたを信じられるように」イエスにメシアのしるしを要求する。これは表面的な信仰でしかないことを露呈している。群衆はモーセが荒野でマナをイスラエルの民に与えて食べさせたことを持ち出す。ラビたちは来るべきメシアは再びマナを天から降らせると固く信じていた。それをイエスに要求したのである。

それに対してイエスははっきり答える。モーセがマナを与えたのではなく、神が天からのパンを与えたのである。モーセは単なる媒介者に過ぎない。32〜33節「わたしの父が、あなたがたに天からのまことのパンを与えてくださるのです。神のパンは、天から下って来て、世にいのちを与えるものなのです」と語り、イエスが天から下って来たいのちを与えるパンであることを示す。

「世にいのちを与える」ことが神の目的である。「世」は神に敵対しているが、救いの対象である。神がイエスを世に遣わしたのはイエスを信じて世が救われるため、永遠のいのちを持つためである。ヨハネ3章16〜17節「神は、実に、そのひとり子をお与えになったほどに世を愛された。それは御子を信じる者が、一人として滅びることなく、永遠のいのちを持つためである。神が御子を世に遣わしたのは、世をさばくためではなく、御子によって世が救われるためである。」

群衆は34節「主よ、そのパンをいつも私たちにお与えください」と、サマリアの女と同じことを言う。イエスは35節「わたしがいのちのパンです。わたしのもとに来る者は決して飢えることがなく、わたしを信じる者はどんなときにも、決して渇くことがありません」と、イエスご自身がいのちのパンであり、永遠のいのちを与える方であることを語る。飢えることも渇くこともないのは、罪と死から人を解放し、永遠のいのちを与えるからである。

⑧良い牧者（聖書協会共同訳「良い羊飼い」）

ヨハネ10章11節「わたしは良い牧者です。良い牧者は羊たちのためにいのちを捨てます。」羊は羊飼いの声を聞き分ける。羊飼いは自分の存在を羊に知らせるために鋭い叫び声を発する。羊はその声を知っていてそれに従う。「声」とは神からの働きかけ、具体的にはイエスのことばである。羊飼いは羊に「白鼻」とか「耳長」とかのあだ名をつけて呼んでいた。イエスと信者との親しい関係を指す。羊飼いはその名を呼んで連れ出す。ザアカイを呼んで救いの中に入れたようにである。

羊飼いは先頭に立ち、羊は羊飼いのあとについて行く。犬を使って自分は後ろから羊を追っていくようなことをしない。

これはイエスが偽りの羊飼いに対してする戦いの宣言である。イエスは旧約のエゼキエル34章1〜16節（エレミヤ23章1〜2節）の預言のことばを思い起こしていただろう。間違った牧者によって間違った養われ方をした神の民、羊をご覧になって、深く悲しみ、ご自分を「良い羊飼い」と重ねた。エゼキエル34章15節「わたしがわたしの羊を飼い、わたしが彼らを憩わせる」、マルコ6章34節「彼らが羊飼いのいない羊の群れのようであったので、イエスは彼らを深くあわれみ」。

イエスは「わたしは良い牧者です」と良い羊飼いであると宣言し、「羊のためにいのちを捨てます」と十字架の贖いを述べる。「わたしが本物の羊飼いです」ということ。良い羊飼いは強盗や野獣から羊を守るために命を捨てることもあった。良い羊飼いは愛のために働く。12節、13節は羊飼いではない雇い人と羊飼いとの対照。すなわちユダヤ人たちの指導者とイエスの対照。雇い人は不誠実であり、金を得るための手段として職に就いた。誇りも責任もない。雇い人が逃げ出すのは、自分のことしか考えていないからである。報酬が目当てだからである。

羊とは私たちのこと、教会のことである。教会は外部からの危険よりも内部からの危険、すなわち雇い人、金儲け、出世の手段と考え、愛の奉仕を考えない偽りの羊飼いがもっともやっかいである。

14節、15節で、イエスはもう一度「わたしは良い牧者です」と宣言し、羊飼いと羊は互いに「知っている」という愛に基づく一体性の関係にあるという。「知っている」は「愛する」ということ。

羊飼いは羊を支配するなどと思ってはならない。羊飼いにとってもっとも必要なことはイエスを愛することとイエスを信頼すること、羊たちを養うことである。それはいつも牧師の説教を通してイエスの声がはっきり聞けることである。牧師からイエスの声が全く聞こえなくなったら、役に立たない牧師をしりぞけてよい。

羊である教会もイエスのことばだけを聞こう。バルメン宣言（一九三四年）第一条「わたしたちのために聖書において証しされている私たちの主イエス・キリストこそ、わたしたちが聞くべく、また生きているときにも死ぬときにも信頼し、従うべき唯一の神のことばである」（バルメン

宣言はドイツ福音主義教会のヒトラー政権下での信仰告白である)。

⑨ぶどうの木

ヨハネ15章1節「わたしはまことのぶどうの木。」これはいのちの唯一の源はイエスであるということ。

イスラエルは旧約で堕落したぶどうの木、偽りのぶどうの木(イザヤ5章1~7節)、良い実を結ばない木にたとえられている。それに対して、イエスは「まことのぶどうの木」である。イスラエルはユダヤ人という神の選びの民というので救われるのではない。人はイエスとつながることによっていのちを得る。

1節「わたしの父は農夫です。」父はイエスをぶどうの木としてこの世に植えた。ぶどうの木は父のために実を結ぶ。父なる神は農夫である。ぶどうの木の管理と保護は農夫のもとにある。私を選び、私をキリストの内に置かれた神は、もし私が委ねさえすれば、私があらゆる点においてイエス・キリストの者としてふさわしくなるように私を守ると約束しておられる。

2節「わたしの枝で実を結ばないものはすべて、父がそれを取り除き」とある。これは厳しい神を描いているのではない。ぶどうの枝は生来の性質が悪い。手入れもせずに放っておおくと、まったく無価値な木になる。しかし、十分手入れをするなら実を結ぶ。実のなる枝とならない枝とがあり、実のならない枝は切り落とされる。刈り込みをしなければ決して実を結ぶことはない。

これは神からの試練を経て豊かな実を結ぶことを教えている。苦難のたびごとにもっと親密にキリストにとどまることを求めている。苦難によって神は私たちをさらに深くキリストの愛の中に入るように導こうとしておられる。キリストのうちに安らぎを見いだし、キリストを唯一の喜びとすることを願っている。ヤコブ1章2〜4節「様々な試練にあうときはいつでも、この上もない喜びと思いなさい。あなたがたが知っているとおり、信仰が試されると忍耐が生まれます。その忍耐を完全に働かせなさい。そうすれば、あなたがたは何一つ欠けたところのない、成熟した、完全な者となります。」

⑩完了した・成し遂げられた

ヨハネ19章28節「イエスはすべてのことが完了したのを知ると」（聖書協会共同訳「イエスは、すべてのことが今や成し遂げられたのを知り」）の「完了した（成し遂げられた）」とは、私たちを愛し、罪の奴隷から贖い出すわざが完了した、成し遂げられたということ。罪から救い出すために血を流した事実を指す。「成し遂げる」はヨハネの福音書のキーワードである。

イエスは十字架の贖いを「成し遂げる」ために来られた。ヨハネ4章34節「わたしの食べ物とは、わたしを遣わされた方のみこころを行い、そのわざを成し遂げることです。」、5章36節「わたしが成し遂げるようにと父が与えてくださったわざ」。

28節「聖書が成就するために、『わたしは渇く』と言われた」とは詩篇69篇21節（聖書協会共同訳22節）の「私が渇いたときには酢を飲ませました」ということばから。詩篇は酸っぱいぶどう酒を飲まされる屈辱を語っている。イエスは自分から飲ませてくれと言っていないことに注意せよ。救いのわざが完了したのを知って「渇く」と言われた。ここにイエスの私たちに対する愛と熱情を知る。

29節「酸いぶどう酒のいっぱい入った器がそこに置いてあったので、兵士たちは、酸いぶどう酒を含んだ海綿をヒソプの枝に付けて、イエスの口もとに差し出した。」これは出エジプトの際の子羊の血を鴨居に塗るときに使われたヒソプと重ねて読むべきである。出エジプト12章22節「ヒソプの束を一つ取って、鉢の中の血に浸し、その鉢の中の血を鴨居と二本の門柱に塗り付けなさい。」イエスが贖いの子羊となって血を流し、私たちを死から守る。それゆえイエスこそ「過越の子羊」「世の罪を取り除く神の子羊」である。

なぜイエスは「渇く」のか。イエスは完全な人間として十字架で自ら渇くことを通して渇く者の苦しみを担われたのである。ヘブル2章18節「イエスは、自ら試みを受けて苦しまれたからこそ、試みられている者たちを助けることができるのです」、4章15節「私たちの大祭司は、私たちの弱さに同情できない方ではありません。罪を犯しませんでしたが、すべての点において、私たちと同じように試みにあわれたのです」。

30節「イエスは酸いぶどう酒を受けると『完了した』と言われた。そして、頭を垂れて霊をお渡しになった」。これは勝利の叫びである。私たちの救いはイエスの贖いのわざによる。他に救いを求めてはならない。使徒4章12節「この方以外には、だれによっても救いはありません。天の下でこの御名のほかに、私たちが救われるべき名は人間に与えられていないからです。」

4―3　聖書特有のことばは聖書辞典を引くこと

◆ポイント

聖書特有のことばは一般語とは意味・用法が異なるので、国語辞典ではなく、聖書辞典を引くこと。

①ことば（聖書協会共同訳「言《ことば》」）

ヨハネ1章1節「初めにことばがあった。」このことばは昔からクリスチャンでない人たちに誤解されてきた。ヨハネの「ことば」の原語はロゴス。この「ことば」は私たちが語る人間のことばではなく、神が語られることば「みことば」である。

「初めに」は天地創造の時を指す（創世1章1節「はじめに神が天と地を創造された。」）神が「光あれ」と言った時、初めて光があり、天地創造が始まったので、「ことば」はあらゆる被造物が造られる前からあり、存在していた。これをキリストの先在性という。同時に「初めに」ひとり子である主イエス・キリストがまことの神として創造のみわざに関わっておられた。

ヨハネ1章1節「ことばは神とともにあった」とあり、「ことば」は被造物ではないので神とともにあった。すなわち相互に深い関係、いのちの交流があることを示す。

ヨハネ1章1節「ことばは神であった」とあり、「ことば」が神と本質的に等しい（一つ）ということ。この「ことば」が受肉したのがイエスであるから、イエス・キリストの先在（永遠的存在）と人間イエスが神と等しい者である。

ヨハネ1章2節「この方は、初めに神とともにおられた」は1節の三つの句を一つにまとめたもの。キリストが天地創造の前に神とともにあったと宣言。キリストは被造物ではないことを確認している。

ヨハネ1章3節「すべてのものは、この方によって造られた。造られたもので、この方によらずにできたものは一つもなかった」はキリストが天地創造に神とともに参与したということ。「ことば」によって天地万物が創造された。父なる神と共にまことの神であるひとり子イエスがおられ、創造のみわざにともに関わっておられた。ひとり子イエスの関わりなしに成ったものは何一つない。パウロは主イエス・キリストと創造の関係を次のようにまとめている。コロサイ1章15〜17節「御子は、見えない神のかたちであり、すべての造られたものより先に生まれた方です。なぜなら、天と地にあるすべてのものは、見えるもの見えないものも、王座であれ主権であれ、支配であれ権威であれ、御子にあって造られたからです。万物は御子によって造られ、御子のために造られました。御子は万物に先立って存在し、万物は御子にあって成り立っています。」

以上から、初めに神と共にあり、ご自身が神である「ことば」が天地創造のわざをともに担っていたということを示しており、その「ことば」が肉となり、この地上を人間として生きてくださったのが主イエス・キリストである。

②いのち（聖書協会共同訳「命」）

ヨハネ1章4節「この方にはいのちがあった。」（聖書協会共同訳「言の内に成ったものは命であった。」）

「この方」は1節の「ことば」である。「ことば」の本質として「いのち」と「光」とがあげられている。「いのち」の原語ゾーエーは、ヨハネの福音書前半の1～12章に三十二回、後半の13～21章に四回、計三十六回も使用されている。

「この方」には私たちを本当に生かす「いのち」がある。初めからあり、神であり、この世界と私たちを創造した「ことば」が私たちに「いのち」を与え、生かす。本福音書は「いのち」を得るために書かれた。

ヨハネ20章31節「これらのことが書かれたのは、イエスが神の子キリストであることを、あなたがたが信じるためであり、また信じて、イエスの名によっていのちを得るためである。」

この「いのち」はイエスを信じるときに与えられる。イエスは「いのち」を与えるため、それも豊かに得させるために来られた。しかし、この「いのち」を得ようとイエスのもとに来ない。

ヨハネ10章10節「わたしが来たのは、羊たちがいのちを得るため、それも豊かに得るためです」、5章40節「それなのに、あなたがたは、いのちを得るためにわたしのもとに来ようとはしません」。

「いのち」（原語ゾーエー）は「滅び」「死」「さばき」の対立概念である。イエスを信じる者は滅びず、永遠のいのちを得る。またさばきにあうことがない。

ヨハネ3章16節「神は、実に、そのひとり子をお与えになったほどに世を愛された。それは御子を信じる者が、一人として滅びることなく、永遠のいのちを持つためである」、5章24節「まことに、まことに、あなたがたに言います。わたしのことばを聞いて、わたしを遣わされた方を信じる者は、永遠のいのちを持ち、さばきにあうことがなく、死からいのちに移っています」。

この「いのち」は「永遠のいのち」である。つまり神ご自身のいのちである。「永遠のいのち」を得るためにどうすればよいか。それは「御子を信じる」ことである。ヨハネの福音書は「信じる」を七十回以上使用して、このことを強調している。

ヨハネ3章36節「御子を信じるものは永遠のいのちを持っているが」、6章47節「まことに、まことに、あなたがたに言います。信じる者は永遠のいのちを持っています」。

③光

ヨハネ1章4〜5節「このいのちは人の光であった。光は闇の中に輝いている。闇はこれに打ち勝たなかった。」

「光」の原語フォースはヨハネの福音書に二十三回も使用されており、「いのち」と「光」は本書のキーワードである。

「人の光」と言われている。イエスはご自身を「光」と呼ばれた。

ヨハネ8章12節「わたしは世の光です。わたしに従う者は、決して闇の中を歩むことがなく、いのちの光を持ちます。」

その光は天地創造の時に輝いただけではない。「光は闇の中に輝いている」とある。1〜4節の動詞は過去形や完了形などであったが、ここは「輝いている」と現在形である。神の愛が今、私たちに注がれ、私たちを生かし輝いている。私たちの人生に闇がある。その闇をもたらしているのは私たちの罪である。私たちが神である「ことば」に聞き従うのでなく、自分の思いや考えを第一として生きている。その罪によって私たちは神の光を見失い、闇に陥っている。そのような闇の中に神がご自身の愛の光を輝かせてくださっている。

「闇はこれに打ち勝たなかった」とある。新改訳2017の1章5節の欄外注の別訳は

「これを理解しなかった」とある。「闇」は「光」を理解しなかった。闇はイエスを理解せずイエスを殺すので「理解しなかった」と言える。天地創造以来、「ことば」の光は闇（神から離れた世、イエスを拒む世）を照らしている。「ことば」が人となり来られたイエスは十字架と復活によって闇に勝利したので「闇はこれに打ち勝たなかった」。

この世界と私たちの人生に闇の現実がある。しかしそこに神の愛による光が輝いて、闇を払い、私たちに「いのち」を与えてくださる。「光」と「闇」の戦いにおいて支配し、勝利するのは「闇」ではなくて「光」である。

「闇」は「光」に敵対するが、「光」に勝つことは決してない。この「闇」はキリストを拒む無知を表し、キリストなきいのちを表す。象徴的なのはイスカリオテのユダがイエスを裏切った時は夜、闇であった。

ヨハネ3章19〜21節「そのさばきとは、光が世に来ているのに、自分の行いが悪いために、人々が光よりも闇を愛したことである。悪を行う者はみな、光を憎み、その行いが明るみに出されるのを恐れて、光の方に来ない。しかし、真理を行う者は、その行いが神にあってなされたことが明らかになるように、光

の方に来る」、13章30節「ユダはパン切れを受けると、すぐに出て行った。時は夜であった」。ヨハネは天地創造の時に働いていた「ことば」が肉となり、地上において人を罪から救い出すために十字架にかかり、第二の創造をもたらしたと語る。イエスを信じる者は新しく創造される。これが第二の創造である。

IIコリント5章17節「だれでもキリストのうちにあるなら、その人は新しく造られた者です。古いものは過ぎ去って、見よ、すべてが新しくなりました。」

「光」は既に世に来た。それはまことの神が人間となってこの世に来てくださり、十字架の死を遂げてくださった主イエス・キリストのことである。私たちの罪によって深まっているこの世の闇の中に主イエス・キリストが来てくださり、私たちの罪をすべて背負って十字架にかかって死んでくださることによって罪を赦し、復活して私たちにも復活と永遠のいのちの約束を与えてくださった。だから「光は闇の中に輝いている」のである。それがクリスマスの喜びである。

カール・ラーナー（ドイツ人、イエズス会司祭、カトリックの神学者、一九〇四～八四年）「クリスマスとは何か。彼はやってきた。彼は夜を光に変えた。彼はわたしたちの闇の夜を、わたしたちの理解できない夜を、わたしたちの不安と絶望の残酷な夜を、浄《きよ》められた夜に、聖なる夜に変えてくださった。」（アルフレート・ハルトル編、里野泰昭訳『クリスマスに贈る100の

言葉』、女子パウロ会）

④奥義（聖書協会共同訳「秘義」）

マルコ4章11節「あなたがたには神の国の奥義が与えられていますが、外の人たちには、すべてがたとえで語られるのです。」

「奥義」「秘義」の原語ミュステーリオンは、手ほどきを受けない者にはわからないが、手ほどきを受けた者にはわかることを指し、信じる者には神の国の奥義（秘義）が説明される。英語ミステリーの語源。「奥義」「秘義」「秘密」「秘められた計画」などと訳される。

「神の国の奥義」とは神の子イエスがもたらした福音の内容を意味し、救いはキリストの死と復活によって実現し、その救いはみことばの宣教を通して行われるということ。「奥義」は「キリストの奥義」「神の奥義」と言われる。エペソ（聖書協会共同訳エフェソ）3章3〜4節「先に短く書いたとおり、奥義が啓示によって私に知らされました。それを読めば、私がキリストの奥義をどう理解しているかがよく分かるはずです。」、コロサイ2章2節「神の奥義であるキリストを知るようになるためです。」

⑤天が裂ける

マルコ1章10節「イエスは、水の中から上がるとすぐに、天が裂けて御霊が鳩のようにご自分に降って来るのをご覧になった。」

「天が裂ける」の「裂ける」は旧約に預言されたメシアが現れるときの現象。イザヤ64章1節「ああ、あなたが天を裂いて降りて来られると」（聖書協会共同訳63章19節「あなたが天を裂いて降りて来てくださったなら」）。

「天が裂ける」はマルコ15章38節「神殿の幕が上から下まで真っ二つに裂けた」の「裂ける」と同じことばで、これと併せて読むべき。

イエスが公の伝道生涯を始めるとき、天が裂け、また生涯の終わりに神殿の幕が裂けた。メシアが天から降りてきてくださり、もう神殿がいらなくなったことを表す。救いの道が開かれた。すなわち十字架による救いである。

⑥御霊が鳩のように降る

マルコ1章10節「イエスは、水の中から上がるとすぐに、天が裂けて御霊が鳩のようにご自分に降って来るのをご覧になった。」

神の霊が鳩のように動いてイエスのもとに降りてきたということ。御霊が下ることは油注ぎを意味し、メシアすなわち油注がれた者の登場を表す。

創世記1章2節「神の霊がその水の面を動いていた」の「動く」は欄外注を見れば「舞いかけていた」とあり、「鳥が舞う」を意味する。天地創造の時、神の霊が動いたように、今、イエスの活動の初めに新しい歴史を告げる神の霊が鳩のように降臨した。新しい創造の始まりを告げる。

⑦人の子

「人の子」はイエスが自分自身について用いる唯一の称号である。イエスはダニエル7章13節「見よ、人の子のような方が天の雲とともに来られた」に登場する主権者としての「人の子」とイザヤ53章の「主のしもべ」の概念を結びつけられたもの。メシアはペテロをはじめとする当時の人々の概念とは異なるものであった。彼らはこれについてまったく目が開かれていなかった。そこでイエスは彼らのメシア観と区別するためにも「人の子」を使用した。

「人の子」は罪を赦す権威を持ち（マルコ2章10節「人の子が地上で罪を赦す権威を持っていることを、あなたがたが知るために」）、苦しみを受け、死に、よみがえり（8章31節「それからイエスは、人の子は多くの苦しみを受け、長老たち、祭司長たち、律法学者たちに捨てられ、殺され、三日後によみがえらなければならないと、弟子たちに教え始められた」、一回目の受難予告）、9章12節「それではどうして、人の子について、多くの苦しみを受け、蔑まれると書いてあるのですか」、31節「それは、イエスが弟子たちに教えて、『人の子は人々の手に引き渡され、殺される。しかし、殺されて三日後によみがえる』と言っておられたからである」（二回目の受難予告）、10章33節「人の子は、祭司長たちや律法学者たちに引き渡されます。彼らは人の子を死刑に定め、異邦人に引き渡します」（三回目の受難予告）、14章21節「人の子は、自分について書かれているとおり、去って行きます」、41節「人の子は罪人たちの手に渡されます」）、再び栄光のうちに来て裁き、支配する（8章38節「だれでも、このような姦淫と罪の時代にあって、わたしとわたしのことばを恥じるなら、人の子も、父の栄光を帯びて聖なる御使いたちとともに来るとき、その人を恥じます」、13章26節「そのとき人々は、人の子が雲のうちに、偉大な力と栄光とともに来るのを見ます」、14章62節「あなたがたは、人の子が力ある方の右の座に着き、そして天の雲とともに来るのを見ることになります」）。

⑧～なければならない・～することになっている

マルコ8章31節「それからイエスは、人の子は多くの苦しみを受け、長老たち、祭司長たち、律法学者たちに捨てられ、殺され、三日後によみがえらなければならないと、弟子たちに教え始められた」の「なければならない」（聖書協会共同訳「～することになっている」）は神の計画、定めであり、受難の必然性を表す。これこそ主がこの世に来られた目的であり、避けて通ることはできない。その他、ヨハネ4章4節「サマリアを通って行かなければならなかった」にもある。これは神の計画を表している。

⑨引き渡す

マルコ9章31節「それは、イエスが弟子たちに教えて『人の子は人々の手に引き渡され、殺される。しかし、三日後によみがえる』と言っておられたからである」の「引き渡す」は「裏切る」とも訳される。この受難予告が一回目と違うのは「人々の手に引き渡され」が加わったことである。「引き渡す」は当時のイエスの受難に関する当時の教会用語である。イエスは全人類を代表する者たちの手に渡され、苦しみを受ける。すべての人がイエスを十字架につけたと言える。マルコ14章11節「ユダは、どうすればイエスをうまく引き渡せるかと、その機をうかがっていた」、18節「あなたがたのうちの一人で、わたしと一緒に食事をしている者が、わたしを裏切ります」（欄外注「引き渡します」）、41節「人の子は罪人たちの手に渡されます」、15章1節「イエスを縛って連れ出し、ピラトに引き渡した」、15節「イエスをむちで打ってから、十字架につけるために引き渡した」。

⑩ダビデの子イエス

ユダヤ人たちはダビデの子孫からメシアが生まれ、全世界を統一する夢を見ていた。アモス（ＢＣ八世紀）以後、預言者は繰り返しそのことを預言した。エゼキエル34章23～24節「わたしは、彼らを牧する一人の牧者、わたしのしもベダビデを起こす。彼は彼らを養い、その牧者となる。主であるわたしが彼らの神となり、わたしのしもベダビデが彼らのただ中で君主となる」、ミカ5章2節（聖書協会共同訳1節）「ベツレヘム・エフラテよ、あなたはユダの氏族の中で、あまりにも小さい。だが、あなたからわたしのためにイスラエルを治める者が出る。その出現は昔から、永遠の昔から定まっている」。

新約にも受け継がれ、パリサイ人も当時の一般のユダヤ人もそう信じていた。マタイ20章30節「主よ、ダビデの子よ」、21章9節、15節「ホサナ、ダビデの子に」、22章42節「『あなたがたはキリストについてどう思いますか。彼はだれの子ですか。』彼らはイエスに言った。

『ダビデの子です』」。

マタイとルカの福音書はイエスの系図をダビデの子孫として掲げている。マタイ1章1節「アブラハムの子、ダビデの子、イエス・キリストの系図」、ルカ3章23～38節。

ローマ1章3節「ダビデの子孫から生まれ」と御子イエスがダビデの子孫から、一人のユダヤ人として生まれたというのは、神が私たち人間に具体的に関わってくださったということ。そのために選ばれたのがユダヤ人であり、ユダヤの地であり、約二千年前の時であった。そのことによってユダヤ人のみでなく、異邦人も含めた、私たちすべての人間のために救いのわざを実現してくださった。

なお、当時の人々は「ダビデの子」を地上のメシア、征服者の称号として用いていた。当時のメシアはイスラエルの王ダビデの子孫から出るという信仰に基づく。マルコ10章47節「ダビデの子のイエス様、私をあわれんでください」と盲人がこう叫んだのは、イエスを正しく理解したものではなかったが、この方のほかにないという信仰を持っていた。

⑪目を覚ましていなさい

終末に関する勧告がマルコ13章5節「気をつけなさい」で始まり、最後に「目を覚ましていなさい」が四回（33節、34節、35節、37節）繰り返し用いられ、強調されている。

32節「その日」「その時」はイエスの到来の日のこと。その日が父なる神以外だれも知らない。その日がいつかに心が奪われることがなく、不断の備えをするように33節「気をつけて、目を覚ましていなさい」と勧告される。これを説明するためにたとえが34〜36節に語られる。家の主人（＝教会の主イエス）は旅に出て（＝昇天）不在である。しもべたち・門番（＝教会の信徒）は主人が不意に帰って来ること（再臨）に備えて常に目を覚ましていなければならない。主人は各自に仕事を割り当て（タラント・宣教）、権限を委ねる。

イエスの勧告「目を覚ましていなさい」は四人の弟子だけでなく、すべての人、教会のすべての弟子に向けられている。

⑫時が来る

ヨハネ2章4節「わたしの時はまだ来ていません」はイエスの栄光の完全な顕現の時はまだ来ていないということ。「イエスの時」「わたしの時」は十字架の死と復活によって栄光を現す時のことである。ヨハネ7章6節「わたしの時はまだ来ていません」、8節「わたしの時はまだ満ちていないのです」、12章23節「人の子が栄光を受ける時が来ました」、17章1節「父よ、時が来ました。子があなたの栄光を現すために、子の栄光を現してください」。

「時」の原語はヨハネの福音書では通常ホーラ（定められた時、決定的な運命の時）を用いるが、7章6節と8節はカイロス（好機）を用いている。聖書のカイロスは永遠なるものが時間の中に入ってくる瞬間を指している。マルコ1章15節「時（カイロス）が満ち、神の国が近づいた。」

「わたしの時」はヨハネ12章を境にし、それ以前は「まだ来ていない」、それ以後は「もう来ている」と書かれている。ヨハネ2章4節、7章30節「イエスの時がまだ来ていなかったからである」、8章20節「イエスの時がまだ来ていなかったからである」、12章23節「人の子が栄光を受ける時が来ました」、13章1節「イエスは、この世を去って父のみもとに行く、ご自分の時が来たことを知っておられた」、17章1節「父よ、時が来ました」。

「わたしの時」は神の主権的支配のもとに決定される時である。ヨハネ12章27節「『父よ、この時からわたしをお救いください』と言おうか。いや、このためにこそ、わたしはこの時に至ったのだ。」

⑬しるし

「しるし」の原語セーメイオンはヨハネに十七回使用されている。ヨハネの福音書ではイエスの地上でのご自身の栄光を示し、神の子として父からの使命を果たす奇跡、証拠としての奇跡である。新改訳２０１７は欄外注に「あるいは『証拠としての奇跡』」と書いている。ヨハネ2章11節「イエスはこれを最初のしるしとしてガリラヤのカナで行い、ご自分の栄光を現された」は水をぶどう酒に変えた奇跡の話。23節「多くの人々がイエスの行われたしるしを見て」、3章2節「神がともにおられなければ、あなたがなさっているこのようなしるしは、だれも行うことができません」。4章54節「イエスはユダヤを去ってガリラヤに来てから、これを第二のしるしとして行われた」のは王室の役人の息子の癒やしである。6章2節「イエスが病人たちになさっていたしるしを見たからであった。」、14節「人々はイエスがなさったしるしを見て、『まことにこの方こそ、世に来られるはずの預言者だ』と言った」、26節、30節「私たちが見てあなたを信じられるように、どんなしるしを行われるのですか」、7章31節、9章16節、10章41節、11章47節、12章18節「群衆がイエスを出迎えたのは、イエスがこのしるしを行われたことを聞いたからであった」、37節、20章30節。

2章23節「多くの人々がイエスの行われたしるしを見て」イエスをメシアと信じた。ここの原語「しるし」は複数形で数々の奇跡。「しるし」を見て信じる信仰については否定的に語られている。４章48節「あなたがたは、しるしと不思議を見ないかぎり、決して信じません」。

「しるし」を見て信じる信仰に対して、イエスのことばを信じる信仰、見ないで信じる信仰が真の信仰である。「しるし」を見て信じる信仰は御利益信仰、自己の利益のために神を利用し、「しるし」がなければ信じない。苦しければ信仰を捨てる。

一方、イエスのことばを信じる信仰、見ないで信じる信仰はサマリア人の信仰、王室の役人の信仰である。イエスが求める信仰である。私たちは福音を聞いて信じる信仰を持つべきである。４章41節「さらに多くの人々が、イエスのことばによって信じた」、４章50節「その人はイエスが語ったことばを信じて、帰って行った」、20章29節「あなたはわたしを見たから信じたのですか。見ないで信じる人たちは幸いです」、ローマ10章17節「信仰は聞くことから始まります。聞くことは、キリストについてのことばを通して実現するのです」。

⑭新しく生まれる（聖書協会共同訳「新たに生まれる」）

ヨハネ3章3節「人は、新しく生まれなければ、神の国を見ることができません」と言った。「新しく生まれる」の「新しい」の原語アノーセンは「上から」「再び」の意味もある。

新改訳２０１７の同箇所の欄外注に「あるいは『上から』」と書いている。「上から生まれる」とは神から生まれること。５節では「水と御霊によって生まれる」と言い換えられている。

「神の国」は共観福音書には多いが、ヨハネの福音書には二回のみ（3節と5節）。共観福音書の「神の国」が本書では「永遠のいのち」と表されている。ヨハネの福音書の目的が「永遠のいのちを与える」ことだからである。ヨハネ20章31節「これらのことが書かれたのは、イエスが神の子キリストであることを、あなたがたが信じるためであり、また信じて、イエスの名によっていのちを得るためである。」

神の国を「見る」は肉眼で見る意味ではなく、５節の「入る」と同じで、「与《あずか》る」「体験する」意。「神の国に入る」とは神のみむねを完全に受け入れ、服従すること。

ニコデモは「アノーセン」を「再び」の意に誤解して、４節「人は老いていながら、どうやって生まれることができますか。もう一度、母の胎に入って生まれることができるでしょうか」と愚かな問いを発する。

イエスは3節のことばを言い換えて、５節「人は、水と御霊によって生まれなければ、神の国に入ることはできません」と言った。水のバプテスマ（洗礼）と御霊の力によって新しく生まれることを指す。Ｉコリント6章11節「主イエス・キリストの御名と私たちの神の御霊によって、あなたがたは洗われ、聖なる者とされ、義と認められたのです。」

「新しく生まれる」には、まずいのちの源である「神のことば」であるイエスを受け入れなければならない。また、それは「朽ちない種」すなわち福音のことばから出る。ヨハネ1章12～13節「この方を受け入れた人々、すなわち、その名を信じた人々には、神の子どもとなる特権をお与えになった。この人々は、血によってではなく、肉の望むところでも人の意志によってでもなく、ただ、神によって生まれたのである」、Ⅰペテロ1章23節「あなたがたが新しく生まれたのは、朽ちる種からではなく朽ちない種からであり、生きた、いつまでも残る、神のことばによるのです」。

なぜ「新しく生まれる」必要があるのか。それは生来の人は神に敵対し、神の律法に従いえないからであり、罪ゆえに死すべき者であるから。ローマ8章7節「肉の思いは神に敵対するからです。それは神の律法に従いません。いや、従うことができないのです」、6章23節「罪から来る報酬は死です」。

「肉」は死ぬべき人間、「御霊」は「肉」に対立し、神のいのちと力を指す。いのちの源である神の御霊によらなければ「新しく生まれる」ことはできない。肉のままでは救われないということ。

「新しく生まれる」ことは神によって必然的に起こることであって、不思議なことではない。それは十字架の贖いと復活によって「永遠のいのち」が与えられるからである。「新しく生まれる」すなわち新生とは、神のことばと神の霊を源とし、信仰とバプテスマによって実現される超自然的な誕生のこと、永遠のいのち＝神のいのちを受ける経験である。

⑮世

「世」（原語コスモス）は新約聖書に一八五回使用、そのうちヨハネの福音書に七十八回も使用されている。多くは「この世」の意で、神、キリストに対立する世界、勢力を指す。同時にそれは救いの対象者でもある。

ヨハネ3章16節「神は、実に、そのひとり子をお与えになったほどに世を愛された。それは御子を信じる者が、一人として滅びることなく、永遠のいのちを持つためである。」この「滅びる」の原語は「失う」と同一の語で、ルカ15章の失われたもののたとえ話がある。愛する者の手からなくなることを言う。神は、神に罪を犯している私たちがご自分の手から失われることを欲せず、ひとり子をお与えになった。神は見捨てなかった。逆に生かすために御子をこの世に送り、十字架に献げてくださった。人が払えぬ償いを神が代わりにしてくださった。ここに神の愛が現れた。価値なき者に与えられる神の愛の顧み、すなわち「恵み」が現れた。これは驚くべき恵み「アメージング・グレイス」である。この恵みは同時に私たちの罪がどんなに恐ろしいか、神のいのちが代価に払わなければならないほどのものであることを教える。

⑯生ける水

ヨハネ4章10節「もしあなたがたが神の賜物を知り、また、水を飲ませてくださいとあなたに言っているのがだれなのかを知っていたら、あなたのほうからその人に求めていたでしょう。そして、その人はあなたに生ける水を与えたことでしょう。」この「生ける水」とはヘブル語的表現で湧き水（新改訳2017の欄外注に「湧き出る水」）、流水のこと。比喩的には永遠のいのちに至らせる水で、生命を持ち、人を生かす。

「生ける水」は、⑴命を与える⑵愛を与える⑶喜びを与える⑷平安を与える⑸力を与える。

10節「神の賜物」とはここでは肉体的な渇きを癒やすだけではなく、全存在の渇きを癒やす永遠のいのちの水のこと。ローマ6章23節「神の賜物は、私たちの主キリスト・イエスにある永遠のいのちです。」

「水を飲ませてくださいとあなたに言っているのがだれなのか」はイエスとはだれかということ。サマリアの女ははじめ、イエスを「ユダヤ人」（4章9節）と見、次に「先生」（聖書協会共同訳「主よ」）（4章11節）↓「私たちの父ヤコブより偉い」（4章12節）↓「預言者」

るかわかったら、イエスを受け入れよう。

渇ききった心を癒やし、真に潤いを与えるものを持つ者がここにいる。イエスがだれであるかわかったら、イエスを受け入れよう。

（4章19節）と変わり、最後に「キリスト」「メシア」（4章25節、29節）と知るに至る。渇ききった心を癒やし、真に潤いを与えるものを持つ者がここにいる。イエスがだれであるかわかったら、イエスを受け入れよう。

⑰とどまる・滞在する・つながる

ヨハネ4章40節「サマリア人たちはイエスのところに来て、自分たちのところに滞在してほしいと願った」とある「滞在する」の原語メノーは「とどまる」「泊まる」「つながる」とも訳され、ヨハネの福音書に四十回、ヨハネの手紙第一に二十四回使用されており、神学的な深い意味を持つ語である。特にヨハネ15章のぶどうの木のたとえに繰り返し使用されている。

サマリアの人々はイエスに自分たちのところに「滞在する」ように頼んだ。それはイエスと交わり、イエスが神とどういう関係にあるのか、神の救いの計画の中でどこに位置しているのかを知ろうとしたからである。バプテスマのヨハネの弟子たちはイエスに「どこにお泊まりですか」と尋ね、「イエスといっしょにいた」（ヨハネ1章38～39節）も同じ原語を使用。

イエスはそこで二日間そこに「滞在」された。イエスは家に泊まり、食事の交わりをし、ことばを語った。その結果、41節「さらに多くの人々が、イエスのことばによって信じた」。

これはヨハネ2章23～25節のユダヤ人たちが「イエスの行われたしるしを見て、その名を信じた」と対照的である。ユダヤ人の信仰は真実な信仰ではない。だからイエスは2章24節「彼らを信用されなかった」(聖書協会共同訳)。一方、サマリア人はイエスのことばを直接聞いて信じた。これが真実の信仰である。ここで奇跡が行われたのではない。みことばを聞いただけである。

サマリアの人々は4章42節「もう私たちは、あなたが話したことによって信じているのではありません。自分で聞いて、この方が本当に世の救い主だと分かったのです」。間接的な証言によって信じる信仰ではなく、イエスが彼らのところに「滞在」されたことによって、彼らもイエスに「つながり」、直接イエスから聞いて信仰を得て、「この方が本当に世の救い主だ」と信仰告白するに至ったのである。

15章はぶどうの木のたとえである。15章4節「わたしにとどまりなさい。わたしもあなたがたの中にとどまります。」(聖書協会共同訳「私につながっていなさい。私もあなたがたにつながっている」)とイエスは呼びかけている。「わたしにとどまる」と

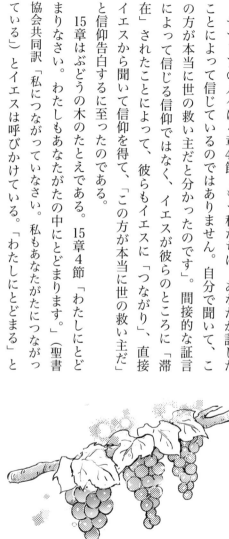

はイエスのうちにとどまること。「わたしのそばにとどまりなさい」ではなく「わたしの中にとどまりなさい」と言われる。私たちは枝だからキリストの木に密接に結合して、そこから養分を受けとるためには、キリストに全面的に明け渡し、生活を導いていただき、教えていただくことをしなければならない。

イエスの中にとどまるとき、イエスはその人の中にとどまる。こうして成長し実を結ぶ。

⑱つまずく

ヨハネ6章61節「わたしの話があなたがたをつまずかせるのか」の「つまずく」は疑う、信じないこと。直前の60節に弟子たちの多くの者がイエスのことばに「これはひどい話だ」とつぶやいた。「弟子たち」とはイエスを信じてついて行った人たちのこと。「ひどい」は受け入れがたい意。原語は木の株が固くなっているさまを表す。イエスはそれを知って言った。「あなたがたをつまずかせるのか」と。しかし、福音は信仰によらなければ理解できない。福音はこのような「つまずき」の上に立っている。Ⅰコリント1章23節「私たちは十字架につけられたキリストを宣べ伝えます。ユダヤ人にとってはつまずき、異邦人にとっては愚かなことですが」。

イエスが天から下って来た「いのちのパン」であることを信じない者が、より大きなつまずきである復活と昇天を見たならばいっそうつまずく。6章62節「人の子がかつていたところに上るのを見たら、どうなるのか」の「上る」はヨハネの特有の用語で「天に上る」ことと十字架に「上げられる」ことを指す。ヨハネ3章13〜14節「だれも天に上った者はいません。しかし、天から下って来た者、人の子は別です。モーセが荒野で蛇を上げたように、人の子も上げられなければなりません。」

イエスの福音に関する事柄は人々の「つまずき」になる。しかし、イエスのわざを見た以上、イエスを信じない者は罪に定められる。ヨハネ15章22〜24節を見よ。

イエスは「わたしにつまずかない者は幸いです」（マタイ11章6節）と語り、信じるか信じないかの二者択一を迫る。

パウロはイエスの十字架が滅びに至る人々には愚かであっても、救われる者には神の力であると語る。Ⅰコリント1章18節「十字架のことばは滅びに至る人々には愚かであっても、救いを受ける私たちには神の力です。」

⑲世の光

イエスが語ったヨハネ8章12節「わたしは世の光です」は、ヨハネの福音書特有のことばである。「光」は本書1〜12章で二十三回も使用。この間は「光」と「闇」のせめぎ合いの舞台となっている。「闇」は罪と死の世界。ヨハネ1章4～12節、3章19～21節を見よ。

「わたしは世の光です」は仮庵の祭りの儀式を背景にしている。この祭りの間、夕方になると出エジプトした民が夜、火の柱によって導かれたことを記念して、神殿の婦人の庭でかなり背が高い四つの金の燭台（ともしび台）に火が点じられた。祭司がはしごを使って登り、火をつけた。火の柱は律法の象徴である。しかし、今やイエスが律法に取って代わり、人々に救いを与える。

「わたしは世の光です」はイエスがメシアであるという主張である。原文は神顕現形式エゴー・エイミを使用。仮庵の祭りの光に代わる真の光であるということ。詩篇27篇1節「主は私の光　私の救い」、イザヤ60章19節「主があなたの永遠の光となり」、ヨハネ1章4～5節「このいのちは人の光であった。光は闇に輝いている。闇はこれに打ち勝たなかった」。

ヨハネ8章12節「わたしに従う者は、決してやみの中を歩むことがなく」とは、この世は闇の支配下にあるが、世の光として来られたイエスに従うことによって、闇から解放されているということ。

⑳真理

「真理」の原語アレーセイアは新約聖書に一〇九回使用。そのうち、ヨハネの福音書に二十五回、ヨハネの手紙に二十回使用。したがって、ヨハネに特に愛用されていることば。「まこと」とも訳される。

ヨハネの福音書では「真理」は神の実在、神の意志、神の本質であり、イエスによって啓示される。ヨハネ1章17節「恵みとまこと（聖書協会共同訳「真理」）はイエス・キリストによって実現したからである」、8章32節「あなたがたは真理を知り、真理はあなたがたを自由にします」、16章13節「その方、すなわち真理の御霊が来ると、あなたがたをすべての真理に導いてくださいます」、17章17節「真理によって彼らを聖別してください。あなたのみことばは真理です」、19節、18章37節「わたしは、真理について証しするために生まれ、そのために世に来ました。真理に属する者はみな、わたしの声に聞き従います」。

「真理」はイエスを通して実現した（ヨハネ1章17節）。イエスは「真理」である。神と一つであり、また神の唯一の啓示者である。ヨハネ14章6節「わたしが道であり、真理であり、いのちなのです。」

イエスは8章32節「あなたがたは真理を知り、真理はあなたがたを自由にします」と言われた。弟子としてイエスのことばにとどまるなら、「真理を知り」「自由」になる。「真理を知る」とはイエスを知ることであり、イエスにおいて神を知ることである。このことが救いにつながる。

ユダヤ人たちは自由だと思っていた。しかし実は自分たちの考え、信仰の伝統、慣習などの奴隷であった。イエスはそこから解放されることを求める。そして罪と死と律法から「自由」になる。「自由」はどのようにして得られるか。それはイエス・キリストの十字架と復活、およびそれらにあずかるバプテスマによる。ローマ6章3～11節を見よ。

その結果、罪と死と律法の「奴隷」から「神の子」へと身分を変えられた。

㉑助け主・弁護者

ヨハネ14章16節「わたしが父にお願いすると、父はもう一人の助け主をお与えくださり、その助け主がいつまでも、あなたがたとともにいるようにしてくださいます」の「助け主」(聖書協会共同訳「弁護者」)の原語パラクレートスは元来、助けるためにそばに呼ばれた者の意。法廷での「弁護人」や「慰める者」「助ける者」「解釈者」などの意である。「もうひとりの」の原語は「全く同じもののもう一つ」の意。聖霊はイエスと等しい方。

14章15節「もしわたしを愛しているなら、あなたがたはわたしの戒めを守るはずです」を聞いて、自分には無理だと思うかもしれない。だからイエスは16節「わたしが父にお願いすると、父はもう一人の助け主をお与えくださり、その助け主がいつまでも、あなたがたとともにいるようにしてくださいます」(聖書協会共同訳「父はもうひとりの弁護者を遣わして、永遠にあなたがたと一緒にいるようにしてくださる」と言われた。イエスがいなくなれば弟子たちは孤独に耐えられない。そこで「助け主」（弁護者）を弟子たちに呼んでくださるという。イエスは弟子たちを一人にして置かず、裁判官の前にして「弁護者」が彼のために語り、擁護し、助ける。いつまでもともにいる。この同伴者は弟子たちを見捨てることはないと言う。イエスは地上を去っていくが、「弁護者」はイエスの人格と働きを継続する方として永遠に弟子たちとともにおられる。聖霊が送られたのはイエスが再び来られたことと同じである。だから「いつまでもあなたがたとともにいる」。

「助け主」（弁護者）が来ると、16章8節は「罪について、義について、さばきについて、世の誤りを明らかになさいます」。弟子たちはこの世に罪を認めさせることはできない。しかし、聖霊はそれを行うので、弟子たちの力強い助け主となる。弟子たちは聖霊の道具となり、聖霊は弟子たちの導き手となる。

当時のヨハネの教会に対するユダヤ教の迫害（キリスト教を異端とし、会堂から追放し、死を願うこと）に対して、聖霊はヨハネの教会がイエスの法廷で世に勝利することを表している。

16章9節「罪」とはユダヤ人たちが父から遣わされたイエスを信じなかったこと。すなわち不信仰が罪である。ユダヤ人たちだけではなく、すべての人が罪を犯している。イエスを信じないこと、神の救いを信じないこと、神に愛されていることを信じないことなどが罪である。聖霊は人にこの罪を悟らせる。人は生まれつき罪を宿している。これが人と神とを隔てる壁となっている。パウロは罪人の惨めな姿を描いている。ローマ3章23節「すべての人は罪を犯して、神の栄光を受けることができず」、7章15〜24節を見よ。

16章10節「義」とはイエスの救いのこと。キリストによって義とされること。罪からの救いを明らかにする。罪を知らなければ救いはわからない。イエスは十字架にかかり死に、よみがえり、父のもとに昇ったことからもわかる。聖霊はイエスの義を確信させる。

16章11節「さばき」とはイエスが死を通して悪魔の勢力を打ち破り、すべての人を悪魔の力から解放し、自分のもとへと来ることを可能にした救いの事実を指す。神の義は裁きをもたらす。聖霊は裁きがあることを確信させる。また、教会に敵対するユダヤ教当局者への裁きも含む。

㉒真理の御霊（聖書協会共同訳「真理の霊」）

ヨハネ14章17節「この方は真理の御霊です」。「真理の御霊」は人々を真理に導く方、イエスを啓示する方である。すなわち、イエスがだれであるのか、神の子であるのかをわからせ、信仰を与える方である。「真理の御霊」はキリストの栄光を現す働きをする。「キリストの栄光を現す」とは、キリストが十字架で私たちの救いのために罪の身代わりとなってくださったことが本当に救いなのだということを分からせて、信じさせ、経験させてくださることである。それは罪人が救われるということ。ヨハネ15章26節「わたしが父のもとから遣わす助け主、すなわち、父から出る真理の御霊が来るとき、その方がわたしについて証してくださいます」、16章14節「御霊はわたしの栄光を現されます。わたしのものを受けて、あなたがたに伝えてくださるのです」。

しかし、14章17節「世はこの方を見ることも知ることもないので、受け入れることができません」とある。「世」とはイエスに敵対する勢力、ユダヤ人たちのこと。世はその方を受け入れることができないのは、見ようとも理解しようとも思わないからである。一方、「あなたがたは、この方を知っています」と教会は知っている。なぜなら「この方はあなたがたとともにおられ、また、あなたがたのうちにおられるようになるからです」。

㉓平安（平和）

イエスはヨハネ14章27節「わたしはあなたがたに平安を残します。わたしの平安を与えます」（聖書協会共同訳「私は、平和をあなたがたに残し、私の平和を与える」）と言われた。イエスが地上を去るにあたり、弟子たちは不安になっているので「平安」「平和」を与える。「平安」（原語エイレーネーは「平和」とも訳される）は救いの祝福全体を指す。聖書協会共同訳はいつも「平和」と訳している。

⒜神との平和

「神との平和」とは、イエスの贖いにより、神との敵対関係にあった人が和解させられ、神との正しい関係に入ること。さらに進んで「神が味方」（ローマ8章31節）となった。コロサイ1章19〜22節、ローマ5章1節「私たちは信仰によって義と認められたので、私たちの主イエス・キリストによって、神との平和を持っています」。

⒝神の平安

イエスによって神から与えられる平安は、苦難の中でも人のすべての考えにまさるものである。これは神が真実で約束された救いが確実であることを知っているところから来る。ピリピ4章7節「すべての理解を超えた神の平安」（聖書協会共同訳フィリピ4章7節「神の平和」）。

イエスは弟子たちに、ヨハネ14章1節「あなたがたは心を騒がせてはなりません」と語る。平安を与えるので恐れるな。主の平安が与えられているので苦難に耐えられる。弟子たちに向かって「立ちなさい。さあ、行こう」（マタイ26章46節）とイエスは呼びかける。イザヤ41章10節「恐れるな。わたしはあなたとともにいる。たじろぐな。わたしがあなたの神だから。わたしはあなたを強くし、あなたを助け、わたしの義の右の手で、あなたを守る。」

ヨハネ20章19節で復活したイエスは、弟子たちの中に立って言われた。「平安があなたがたにあるように」（聖書協会共同訳「平和」）。

イエスの「平安」は当時のヘブル語で「シャローム」と言った。シャローム（平安・平和）は神が共におられる時のことである。罪におののく弟子たちに対して、イエスは裁く神としてではなく、罪を赦す神として現れて、なお神が共におられると宣言してくださった。心を閉ざすとき、恐れが生じる。そのような平安（平和）を失っていた弟子たちの真ん中にイエスは飛び込んでくださった。また死を恐れる弟子たちに死の向こうから来てくださった。復活の主である。そして「平安があなたがたにあるように」とイエスは言われた。もう恐れなくていい。死の向こうに確実ないのちがある。

「平安があなたがたにあるように」は、イエスがインマヌエルの神として「神がわれらと共に」と言い直してもよい。イザヤ54章9～10節「そのように、わたしはあなたを怒らず、あなたを責めないと、わたしは誓う。たとえ山が移り、丘が動いても、わたしの真実の愛はあなたから移らず、わたしの平和の契約は動かない。」

弟子たちはこの「平安があなたがたにあるように」を受けたとき、自分たちの罪をも赦す神を受け入れ信じた。それはイエスが身代わりに罪の贖いとなって十字架で死んでくださったことがわかったからである。

㉔知る

ヨハネ17章3節「永遠のいのちとは、唯一のまことの神であるあなたと、あなたが遣わされたイエス・キリストを知ることです」の「知る」はヨハネの愛用語で、ヨハネの福音書に五十七回、ヨハネの手紙に二十五回使用。単なる知的理解ではなく、神、キリストとの人格的な交わりを指す。ここの「交わり」（コイノーニア）はいのちの共有を意味する。父と父から遣わされたイエスを信じる者は永遠のいのちを得る。十字架のイエスこそ私たちに永遠のいのちを与える方である。私たちはイエスにある永遠のいのちに召された者である。人はイエスによって神との人格的交わりが開かれ、いのちを共有する。Ⅰヨハネ1章3節「私たちが見たこと、聞いたことを、あなたがたにも伝えます。あなたがたも私たちと交わりを持つようになるためです。私たちの交わりとは、御父また御子イエス・キリストとの交わりです。」

したがって、「神を知っている」ということは兄弟愛の実践によって分かる。Ⅰヨハネ2

章3節「もし私たちが神の命令を守っているなら、それによって、自分が神を知っていることが分かります」、4章7～8節「私たちは互いに愛し合いましょう。愛は神から出ているのです。愛がある者はみな神から生まれ、神を知っています。愛のない者は神を知りません。神は愛だからです」。

㉕救い主

ルカ2章11節「今日ダビデの町で、あなたがたのために救い主がお生まれになりました。この方こそ主キリストです」の「救い主」（ギリシア語ソーテール）はイエスを指す。共観福音書ではルカだけが使用。当時ローマ皇帝アウグストゥスが「救い主」と称されたことに対して、御使いはイエスが真の救い主であり、到来したと告げる。「この方こそ主キリストです」は将来、十字架につき、死に、復活して、すべてにいのちを与えて救う神として生まれたということ。「キリスト」（聖書協会共同訳「メシア」）の原語マーシーアハは「油注がれた者」の意で、メシアのこと。「主キリスト」という表現は新約聖書ではここのみ。使徒2章36節「神が今や主ともキリストともされたこのイエス」。

12節の救い主の誕生の「しるし」は、ザカリヤやマリアの時と違って、人の目にはまったくつまらない「布にくるまって飼い葉桶に寝ておられる」ことであった。メシアがもっとも低い所に下って貧しくなられて来られたという大いなる逆説である。若者の信仰刷新運動フォコラーレの創設者キアラ・ルービック（一九二〇〜二〇〇八年）は「クリスマスは、わたしたちが、無言のうちに苦しむ人たちの声を聞く耳を持つようにと望んでいる。神はこの人たちのために小さな者となった。自然災害の犠牲者、病人、臨終の床にある人、ストリートチルドレン、権利を奪われた人たち、失業者……イエスの特別な愛は、これらすべての人たちに向けられている。」（アルフレート・ハルトル編、里野泰昭訳『クリスマスに贈る100の言葉』）という。

㉖貧しい人（者）

ルカ4章18節「貧しい人に良い知らせを伝えるため」の「貧しい」の原語ギリシア語プトーコスは物を乞うほど貧しい意。これは「神の国」と関連した概念で、「貧しい人」とは社会的により弱い立場にある人たち、経済的に貧しい人たち、病人、やもめ、子ども、無学な者、自分の罪を知る者たちである。具体的にはルカ5章27〜32節の取税人、18章1〜8節のやもめ、18章16節の子ども、19章1〜10節の取税人ザアカイなどである。

「貧しい人」への福音は故郷ナザレでなされたが、ユダヤ民族の枠を越えて異邦人をも含む。これが後で聴衆を怒らす。ユダヤ人は自らが神の選民で、異邦人は地獄の火の燃料にするために創造されたと信じていた。

ルカ6章20節「貧しい人たちは幸いです」と語るイエスの説教は、山から下りてきて平地で、20節「弟子たちを見つめながら」すべての人に向けられている。平地は悩み、疲れ、困窮の場所である。そこにいる人々に向かってイエスは祝福を語られる。

しかし、私たちは自分が「貧しい人」と思っているだろうか。むしろ自分は富んでいると思っていないだろうか。それに対して神は警告する。黙示録3章17節「あなたは、自分は富んでいる、豊かになった、足りないものは何もないと言っているが、実はみじめで、哀れで、貧しくて、盲目で、裸であることが分かっていない。」

ルカ6章20節「貧しい人たちは幸いです。神の国はあなたがたのものだからです」の「幸い」の原語マカリオスは内側から湧き上がる喜び、人生の偶然な出来事や変化に影響されることのない喜びを表す。「幸福」ではなく、神からの祝福である。貧困そのものが幸いではなく、「神の国はあなたがたのもの」という前提があるから幸いである。神は「貧しい人」を救うから幸いである。金持ちザアカイのたとえによく現れている。ルカ19章10節「人の子は、失われた者を捜して救うために来たのです。」

イエスは貧しい者にご自身の富を与えてくださる。Ⅱコリント8章9節「主は富んでおられたのに、あなたがたのために貧しくなられた。それは、あなたがたが、キリストの貧しさによって富む者となるためです。」

これとは逆に、ルカ6章24節「富んでいるあなたがたは哀れです。あなたがたは慰めをすでに受けているからです」。

富んでいる者は神への希望を持つのが困難で、既に慰めを受けているので、終末の時に神からの慰めはないという。ルカは富んでいる者への警告を多く書いている。ルカ12章13〜21節、16章13節、19〜31節（金持ちと貧乏人のたとえ）。

6章21節「今飢えている人たちは幸いです。あなたがたは満ち足りるようになるからです」（聖書協会共同訳「満たされる」）。

これとは逆にルカ6章25節「今満腹しているあなたがたは哀れです。あなたがたは飢えるようになるからです」。

6章21節「今泣いている人たちは幸いです。あなたがたは笑うようになるからです」。泣くのも貧しさの表現。神は逆転して泣く者を幸福に笑わせる。

これとは逆に6章25節「今笑っているあなたがたは哀れです。あなたがたは泣き悲しむようになるからです」。

㉗この時代の人々・今の時代の人たち

ルカ7章31節「この時代の人々」（聖書協会共同訳「今の時代の人たち」）は良い意味がない。この用語は旧約に由来し、神のことばを聞こうとしない不忠実なイスラエルを意味する。申命記32章5節「よこしまで曲がった世代」とある。ルカでは9章41節「不信仰な曲がった時代だ」（聖書協会共同訳「不信仰で、ゆがんだ時代」）、11章29節「この時代は悪い時代です」（聖書協会共同訳「邪悪な時代」）。

㉘証しする・証しをする

ヨハネ1章6〜8節「神から遣わされた一人の人が現れた。その名はヨハネであった。この人は証しのために来た。光について証しするためであり、彼によってすべての人が信じるためであった。彼は光ではなかった。ただ光について証しするために来たのである。」

ヨハネの福音書におけるバプテスマのヨハネは証しするために神から遣わされた人。「証し」とは見たり聞いたり体験したりして知っていることを人に伝える証言のこと。ヨハネは「光について証しするため」に神によって遣わされた。その「光」とは初めにあった「ことば」であり、この方に「いのち」と「光」があったと言われている。「ことば」も「いのち」

も「光」も主イエス・キリストのことを指している。その「光」である主イエスについて証しするためにヨハネは現れたという。

「証しする」（聖書協会共同訳「証しをする」）はヨハネの福音書の重要なキーワードである。本書には「証しする」の原語マルトゥレオーが三十三回も使用（マタイ一回、マルコ〇回、ルカ二回）されていることから、この福音書が主イエスについての証しの書であると言える。そして主イエスに従っていく弟子たち、信仰者たちも、主イエスのことを証しする人となることを言っておられる。

ヨハネ15章27節「あなたがたも証しします。初めからわたしと一緒にいたからです。」

主イエスこそ「まことの光」であることを証しすることがこの福音書の書かれた目的であることは、20章31節「これらのことが書かれたのは、イエスが神の子キリストであることを、あなたがたが信じるためであり、また信じて、イエスの名によっていのちを得るためである」と書かれている。

イエスが神の子キリストであると証言するものは上記を含めて八つある。
(1)バプテスマのヨハネの証言↓ヨハネ1章7～8節
(2)父なる神の証言↓ヨハネ5章37節、8章18節
(3)イエスのわざによる証言↓ヨハネ5章36節、10章25節

⑷旧約聖書の証言↓ヨハネ5章39節
⑸イエス自身の証言↓ヨハネ8章18節
⑹イエスと出会った人々の証言↓ヨハネ9章25節、38節
⑺聖霊の証言↓ヨハネ15章26節
⑻福音書記者の証言↓ヨハネ19章35節

1章8節「彼は光ではなかった。ただ光について証しするために来たのである」とある。バプテスマのヨハネは「まことの光」イエス・キリストに人々の目を向けさせ、人々がその光を信じるようになるために証しした。ヨハネ自身が主イエスと自分との関係を語っているのは次の箇所。

ヨハネ1章20節「ヨハネはためらうことなく告白し、『私はキリストではありません』と明言した」、3章28〜30節「『私はキリストではありません。むしろ、その方の前に私は遣わされたのです』と私が言ったことは、あなたがた自身が証ししてくれます。花嫁を迎えるのは花婿です。そばに立って花婿が語ることに耳を傾けている友人は、花婿の声を聞いて大いに喜びます。ですから、私もその喜びに満ちあふれています。あの方は盛んになり、私は衰えなければなりません」。

主イエスご自身がヨハネのことを語っている箇所が次である。

ヨハネ5章33節「あなたがたはヨハネのところに人を遣わしました。そして彼は真理について証ししました。」

以上の「証し」を信じて受け入れるか、信じないかの決断が私たちに求められている。

㉙とりなす

新約聖書で「とりなす」とはどういうことか。原語の原義は「出会う」。そこから転じて「請願する」「嘆願する」などの意味になった。聖書学者トレンチは「ある人に代わって弁護のために要求すること。それは大胆に神に近づく親しい祈りである」と言っている。旧約聖書では指導者、預言者、祭司などが、罪を犯した人のために神に祈っている。

新約聖書では三種類のとりなしの祈りが記されている。

第一に主イエスのとりなし。罪赦された人々のために神に受け入れられるようにとりなす。ローマ8章34節「だれが、私たちを罪ありとするのですか。死んでくださった方、いや、よみがえられた方であるキリスト・イエスが、神の右の座に着き、しかも私たちのために、とりなしていてくださるのです。」、ヘブル7章25節「イエスは、いつも生きていて、彼らのためにとりなしをしておられるので、ご自分によって神に近づく人々を完全に救うことがおできになります。」

第二は御霊のとりなし。御霊は私たちの祈りが神のみこころにかなうようにとりなす。

ローマ8章26～27節「同じように御霊も、弱い私たちを助けてくださいます。私たちは、何をどう祈ったらよいか分からないのですが、御霊ご自身が、ことばにならないうめきをもって、とりなしてくださるのです。人間の心を探る方は、御霊の思いが何であるかを知っておられます。なぜなら、御霊は神のみこころにしたがって、聖徒たちのためにとりなしてくださるからです。」

第三に信者のとりなし。信者が人々のために神に祈り、嘆願する。

コロサイ1章9～12節「こういうわけで、私たちもそのことを聞いた日から、絶えずあなたがたのために祈り求めています。どうか、あなたがたが、あらゆる霊的な知恵と理解力によって、神のみこころについての知識に満たされますように。また、主にふさわしく歩み、あらゆる点で主に喜ばれ、あらゆる良いわざのうちに実を結び、神を知ることにおいて成長しますように。神の栄光の支配により、あらゆる力をもって強くされ、どんなことにも忍耐し、寛容でいられますように。」、Iテモテ2章1節「すべての人のために、王たちと高い地位にあるすべての人のために願い、祈り、とりなし、感謝をささげなさい。」

「とりなす」ということばが使われていなくても内容が「とりなし」の例がある。

ローマ1章9～10節「私が御子の福音を伝えつつ心から仕えている神が証ししてくださる

ことですが、私は絶えずあなたがたのことを思い、祈るときにはいつも、神のみこころによって、今度こそついに道が開かれ、何とかしてあなたがたのところに行けるようにと願っています。」

「絶えずあなたがたのことを思い、祈るときにはいつも、神のみこころによって、今度こそついに道が開かれ、何とかしてあなたがたのところに行けるようにと願っています」が相手のためにに祈る「とりなしの祈り」である。

4―4　原語を知ること

◆ポイント
原語を知ると、みことばの意味理解が増すので、辞典などを参照すること。

①深くあわれむ

マルコ1章41節「イエスは深くあわれみ、手を伸ばして彼にさわり、『わたしの心だ。きよくなれ』と言われた」の「深くあわれむ」の原語スプラングニゾマイは「はらわたが痛む」意。「かわいそうに思う」とも訳されている。他者への同情のために心が痛む、体まで痛むこと。イエスは真実の同情をもって人々の痛みを知り、手を差し伸ばして彼に触った。律法によればこの病に触れる者は汚れた者とされ、宿営の外に出なければならない。しかし、イエスはその人を汚れたものではなく、抑圧され、のけ者にされた苦しみの中にある人として扱った。

「深くあわれむ」の主語はイエスである。マルコ6章34節「彼らが羊飼いのいない羊の群れのようであったので、イエスは彼らを深くあわれみ」、マタイ14章14節「イエスは舟から上がり、大勢の群衆をご覧になった。そして彼らを深くあわれんで、彼らの中の病人たちを癒やされた」、20章34節「イエスは深くあわれんで、彼らの目に触れられた」、ルカ7章13節「主はその母親を見て深くあわれみ」。このように「深くあわれむ」はイエスの心である。

②深く息をする・うめく

マルコ7章34節「そして天を見上げ、深く息をして、その人に『エパタ』、すなわち『開け』と言われた」の「深く息をする」（聖書協会共同訳「呻く」）は深くうめく意で、彼のうめきを自分のうめきとした、深い同情を表す。「エパタ」はアラム語で「開け」の意。イエスは魔術師とは異なり、明確なことばと権威をもって奇跡を行った。

この場面では、人々がろうあ者をイエスのところに連れてきて、手を置いて癒やしてくださるように願った。33節「イエスはその人だけを群衆の中から連れ出し」た。彼一人を連れ出したところにイエスの配慮がある。周りに人がいれば何を言っているのかわからず混乱する。面と向かって一対一で神に向かい合った。信仰はひとり、神の前に立つところに成立する。また、彼を見世物にしたくなかったし、ご自分の力を見せびらかすようなこともしたくなかったからである。

33節「ご自分の指を彼の両耳に入れ、それから唾を付けてその舌にさわられた。」イエスはこの男に話しかけることなく、無言で癒やしの業を行った。そして彼の苦しみに触れるように、耳と舌にご自身の手でさわられた。「唾」は古代において癒やす力があると信じられていた。医薬品の役割を果たすことがあった。

35節「すると、すぐに彼の耳が開き、舌のもつれが解け、はっきりと話せるようになった。」「もつれが解ける」の原語はルカ13章16節に「束縛を解く」意で使われている。イエスは優しい思いやりのあるやり方で、サタンに束縛されている人を解放した。

③しばらくすると

ヨハネ16章16〜19節に「しばらくすると」が七回繰り返し使われている。この原語はミクロンで、ほんの短い期間を指す。ミクロンは一ミリの千分の一の長さ。十字架の死と聖霊の到来との間は、ほんの短い間に起きた。「しばらくの神学」がここに見られる。

イエスが16節「しばらくすると、あなたがたはもうわたしを見なくなりますが、またしばらくすると、わたしを見ます」と言われた。イエスが十字架につき、死んでよみがえり、父のもとに帰っていくことが「見なくなり」であり、聖霊において再来することが「見る」ことである。

しかし、弟子たちは不安と悲しみとのためにイエスのことばを理解せず、17節「どういうことなのだろうか」、18節「何のことだろうか」「何を話しておられるのか私たちには分からない」と言った。

20節「あなたがたは泣き、嘆き悲しむが、世は喜びます」と言う。イエスを信じなかった者たちがそれ見たことかと言って、弟子たちの嘆き悲しむ姿を見て喜ぶ。しかし、それはしばらくの間のことである。イエスは、現在の弟子たちの悲しみは喜びに変わると宣言した。20節「あなたがたの悲しみは喜びに変わります」。ごくわずかな期間苦しまなければならないが、聖霊が立ち上がらせるとき、新しい喜びの時が始まり、弟子たちは天の栄光のうちに受け入れられ、完全な喜びを味わうようになる。

「しばらくの間」とは言っても、悲しみ、苦しみ、痛みはとても長く続くかもしれない。さらに絶望的かもしれない。しかし、その中に主が来てくださって、「あなたがたの悲しみは喜びに変わります」「わたしが生き、あなたがたも生きることになるからです」（ヨハネ14章19節）と言ってくださっていることを知って大胆に生きることができる。

16章21節で、このことを産婦の産みの苦しみにたとえて語る。子どもが生まれると喜びのために苦しみは忘れる。苦しみは突然消えて幸福が訪れる。弟子たちの苦しみが単に喜びに変えられるばかりでなく、苦しみのうちに喜びの種を宿していることを知って、キリストのために被る苦しみは有益と悟る。

イエス自身も妊婦同様であった。私たち神の子どもを生むために十字架にかかって死の苦しみをしてくださった。しかし、その苦しみは復活によって喜びに変わる。イエスを信じる者はすべて神の子どもとされるからである。

④罪・罪を犯す

ローマ3章23節「すべての人は罪を犯して、神の栄光を受けることができず」の「罪を犯す」はギリシア語でハマルタノー。「罪を犯す」は旧約のヘブル語でハーターー（元は「的を外す」意で、義である神との関係において「罪」と訳された）。七十人訳でギリシア語訳としてハマルタノー（元は「的を外す」意）が当てられた。それを受けて新約聖書はハマルタノーを使用。七十人訳で旧約のハッタース（罪）のギリシア語訳としてハマルティアが用いられた。罪の原理はハマルティア、罪の一つ一つの行為はハマルテーマという。マルコ3章28～29節「人の子らは、どんな罪も赦していただけます。また、どれほど神を冒瀆することを言っても、赦していただけます。しかし聖霊を冒瀆する者はだれも永遠に赦されず、永遠の罪に定められます」、ローマ3章9～20節、Ⅰコリント6章18節も見よ。

⑤契約

ヘブル7章22節「イエスは、もっとすぐれた契約の保証となられたのです」の「契約」のギリシア語はディアセーケー。旧約の「契約」の原語べリース（べリート）を七十人訳のギリシア語訳としてディアセーケーを用いたため、新約でもディアセーケーを「契約」の意で使用。ディアセーケーは「遺言」とも訳される。

当時は一般に「契約」はスンセーケーを用いたが、新約では人間の契約と異なる神の契約なので「遺言」を意味するディアセーケーを用いた。一方的な契約である。新改訳２０１７のヘブル9章15節「キリストは新しい契約の仲介者です」の「契約」の欄外注を見ると「あるいは『遺言』」とあり、16節「遺言には、遺言者の死亡証明が必要です」の欄外注を見ると別訳が書いてあり、「契約の場合、契約者の死が持ち出される必要があります」とある。「契約」とも「遺言」とも訳されることが分かる。

⑥わたしだ

ヨハネ6章20節「イエスは彼らに言われた。『わたしだ。恐れることはない』」の「わたしだ」の原語「エゴー・エイミ」は神がモーセにご自分の名を表した時のギリシア語訳と同じである。出エジプト3章14節「神はモーセに仰せられた。『わたしは、「わたしはある」という者である』」とある（聖書協会共同訳「私はいる、という者である」）。

イエスが湖の上を歩いて弟子たちに近づいて来られた。イエスは私たちが人生に行き詰まったとき、もう最後という瞬間に介入し、助けるために来られる。イエスは「わたしだ。恐れることはない」とおっしゃった。ここではイエスが神と等しい方、自分は神であるという神顕現である。日本語で「わたしだ」は信頼関係、家族、親しい関係の間で使われる。イエスが弟子たちに「わたしだ」と言われたことは、彼らに信頼を呼び起こす声であったと言える。

彼らは喜んでイエスを舟に迎え入れた。彼らがイエスを受け入れたことを表す。私たちもイエスの「わたしだ。恐れることはない」と言う声を聞いて、イエスを迎え入れ、「あなたこそ、私の神」と告白しよう。詩篇31篇14節（聖書協会共同訳15節）「主よ　私はあなたに信頼します。私は告白します。『あなたこそ私の神です。』」

舟は目的地に着いた。これは出エジプトしたイスラエルが神に背いた結果、約束の地に入れなかったことと対比している。またモーセはただ一度罪を犯したため、カナンの地に入れなかった。荒野のイスラエルは主に信頼せず、パンがない、水がないといつもつぶやいた。出エジプト15章24節、16章2節、17章3節を見よ。

これはまた過越の祭りに歌われる詩篇77篇を思い出させる。詩篇77篇19～20節（聖書協会共同訳20～21節）「あなたの道は海の中。その通りは大水の中。あなたの足跡を見た者はいませんでした。あなたはモーセとアロンの手によってご自分の民を　羊の群れのように導かれました。」

当時キリスト教が迫害されていた中で「舟は目的地に着いた」とは希望の慰めのことばで

あった。イエスは避け所へと導かれる。詩篇107篇29～30節「主が嵐を鎮められると　波は穏やかになった。波が凪いだので彼らは喜んだ。主は彼らをその望む港に導かれた。」

⑦わたしはある

ヨハネ8章24節「わたしが、『わたしはある』であることを信じなければ、あなたがたは、自分の罪の中で死ぬことになるからです。」

「わたしはある」の原語はエゴー・エイミで神顕現形式。欄外注にあるように出エジプト3章14節「わたしは、『わたしはある』という者である」と関連させて、イエスは神であることを言われた。そういうイエスの存在を信じない者は罪の中に死ぬと断罪された。ヨハネ13章19節「わたしが『わたしはある』であることを、あなたがたが信じるためです。」

8章12節でイエスを信じる者はいのちの光を持つと言われた。イエスは人々が罪の中に死なないように、いのちを持つためにこの世に来てくださったのである。罪人の代表者であるようなユダヤ人たちを戒めながら、罪の中に死なないように、悔い改めてイエスを受け入れることを勧める。

信仰はイエスが「わたしは……である」と言われたことを「アーメン」と応答する時に生まれる。ここでは「わたしはある」というお方を信じる。イエスはいつも過去にあるのではなく、現在あるお方、永遠に存在されるお方であることを信じる。救われるための信仰はイエスによってなされた十字架と復活を信じることである。イエスの人格とわざに自己のすべてを委ねることである。

8章28節「あなたがたが人の子を上げたとき、そのとき、わたしが『わたしはある』であること、また、わたしが自分からは何もせず、父がわたしに教えられたとおりに、これらのことを話していたことを、あなたがたは知るようになります。」これはイエスが十字架に上げられるとき、イエスが神と等しい者であることがわかるということ。同時に「上げる」は栄光の座に上げられることを意味する。十字架は栄光の勝利である。

18章4節「イエスはご自分に起ころうとしていることをすべて知っておられたので、進み出て、『だれを捜しているのか』と彼らに言われた。」

「だれを捜しているのか」と二度言われる（7節）。彼らが「ナザレ人イエスを」と答えたとき、イエスは5節「わたしがそれだ」と言われた。この原語はエゴー・エイミの神顕現形式で自らを神として現した。これはヨハネ8章24節、28節と同じ原語。「わたしはある」「わたしである」と訳される。イエスが神であられること、神の子であられることを表したことばである。最後の戦いの場面でイエスが神であると名乗りを上げたのである。

このことばは信じる者には救いのことばであるが、信じない者には裁きのことばとなる。

その時、6節「彼らは後ずさりし、地に倒れた」。彼らはそのみことばに打ち倒された。イエスの神としての力、権威にこの世が打ち倒された。本物の神の臨在に人は耐えられないからである。

4―5　当時の生活・風俗・習慣・制度などを知ること

◆ポイント
当時の生活・風俗・習慣・制度などを知ると、聖書の記述がもっと生き生きとした身近なものに感じとれる。

①ツァラアト（規定の病）

ツァラアト（聖書協会共同訳「規定の病」）は重い皮膚病のことと言われるが、詳しくはわからない。当時、この病にかかると唇の上までおおって「私は汚れている汚れている」と叫びながら歩かなければならなかった。また町の外で人々と離れてコロニーで暮らさなければならなかった。さらに人から二メートル以上離れていなければならなかった。人に話す権利はなかった。それゆえ社会からまったくのけ者にされた人であった。この病は宗教的には汚れを意味していたので、祭司に見せなければならなかった。レビ13章45～46節を見よ。ルカ17章12～19節の記事に出てくるツァラアトの患者は、健康な人に近づくことを禁じられていたため、遠く離れた所に立って声を張り上げた。風上にいる場合は約四十五メートル離れていなければならなかった。十人が声を張り上げたことを想像せよ。悲痛な叫びである。

②安息日

「安息日」のヘブル語はシャバースで「休み」の意。出エジプト20章8～11節に由来する。天地創造の第七日目を神は休まれたことから戒めになった。

安息日とは金曜日の日没（十八時）から土曜日の日没まで、およそ二十四時間を指す。

ユダヤの指導者たちはこの戒めを守るために三十九箇条の禁止事項を作り出し、さらにそれを守るために二百三十四の行為を禁止した。安息日に労働を禁止していた。骨折は見てもらえなかった。ねんざしても冷やすことは許されなかった。物を運ぶことは許されなかった。手が萎えた人を癒やすことは命に関わりがないので労働とみなされる。出エジプト16章23～30節、20章10節、23章12節、35章3節を参照せよ。

マルコ3章2節「人々は、イエスがこの人を安息日に治すかどうか、じっと見ていた。イエスを訴えるためであった。」パリサイ人は安息日の律法を犯すよりは死ぬほうが良いと考えていた。そのため、戦争中でも安息日を守るために戦おうとせず死んでいった。現在でもエルサレムでは金曜日の午後になると全部閉店する。

イエスはルカ6章9節「安息日に律法にかなっているのは、善を行うことですか、それとも悪を行うことですか。いのちを救うことですか、それとも滅ぼすことですか」と律法学者やパリサイ人たちに問われた。神は病人と共におられる。安息日は何もしない日ではなく、神を愛する日、隣人を愛する日である。安息日は神の恵みを覚えて感謝し礼拝する日である。

「安息日」の読み方はアンソクニチ（明治初期から）↓アンソクジツ（明治中期から）↓アンソクビ（明治後期から）。新改訳はアンソクニチ、聖書協会共同訳はアンソクビ。詳しくは拙著『聖書から出た日本語100』（いのちのことば社）を参照のこと。

③長血の女（聖書協会共同訳「出血の止まらない女」）

マルコ5章25節「そこに、十二年の間、長血をわずらっている女の人がいた。」このような人は律法（レビ15章25〜27節）によれば、汚れているとして、礼拝や交わりも断たれていた。また町に出入りすることも禁じられていた。

彼女は万策尽きたとき、病気を治す力があるイエスが来られたことを聞いて飛んできたのであろう。しかし、群衆でいっぱいだった。そこで群衆に紛れ込み、衣にでも触れば治るかもしれないと思った。これは真の信仰ではない。宗教改革者のカルヴァンは「この女の信仰には悪徳も誤謬も宿っている」と述べている。それは聖人の衣や像にでも触れば病気が治るという間違った愚かな信仰でしかなかった。しかし、イエスは願いを聞き入れてくださった。イエスは彼女の行為を非難していない。マルコ5章34節「娘よ、あなたの信仰があなたを救ったのです」と救いを宣言した。

④五つのパンと二匹の魚

五千人の給食の奇跡は四福音書に記されている（マタイ14章13～21節、マルコ6章30～44節、ルカ9章10～17節、ヨハネ6章1～14節）。「パン」は大麦で作った粗末なもので、貧しい人たちの食べ物。直径二十～五十センチ、厚さ二ミリ～一センチの丸く平たい形。

「魚」は鰯ぐらいの大きさの塩づけの魚で、パンのつけ合わせであった。湖の近くに住む人々が焼き魚あるいは塩づけの魚をパンに添えて食べた。ちなみに、初代教会では魚の絵が使われた。これは「魚」のギリシア語のスペルが「イエス　キリスト　神　子　救い主」のギリシア語の頭文字と同じところから来ている。なお西に地中海があり、内陸にガリラヤ湖があり、漁師がいたにもかかわらず、聖書には旧約にも新約にも魚の名前が一つも出てこない。一方、虫や鳥や四つ足の動物の名前はいろいろ出てくる。

マルコ6章41節「イエスは五つのパンと二匹の魚を取り、天を見上げて神をほめたたえ、パンを裂き」は最後の晩餐の時の主の姿と十字架上でご自分の肉体を裂いていのちを与える姿と重なる。マルコ14章22節「イエスはパンを取り、神をほめたたえてこれを裂き、弟子たちに与えて言われた。『取りなさい。これはわたしのからだです。』」

「神をほめたたえる」は神に対して賛美の祈りを唱えること。「ほむべきかな主。われらの神、天地の王。あなたは地からパンを生ぜしめたもう」ということ。これはユダヤ人の食前の祈りであった。

6章42節「彼らはみな、食べて満腹した」ことは、エリヤがツァレファテのやもめを養う話（I列王17章8～16節）とエリシャのパンの話（II列王4章42～44節）を思い起こさせる。

6章43節「パン切れを十二のかごいっぱいに集め、魚の残りも集めた」の十二のかごは弟子の数を表す。ユダヤ人は首からかごをぶら下げて歩いた。

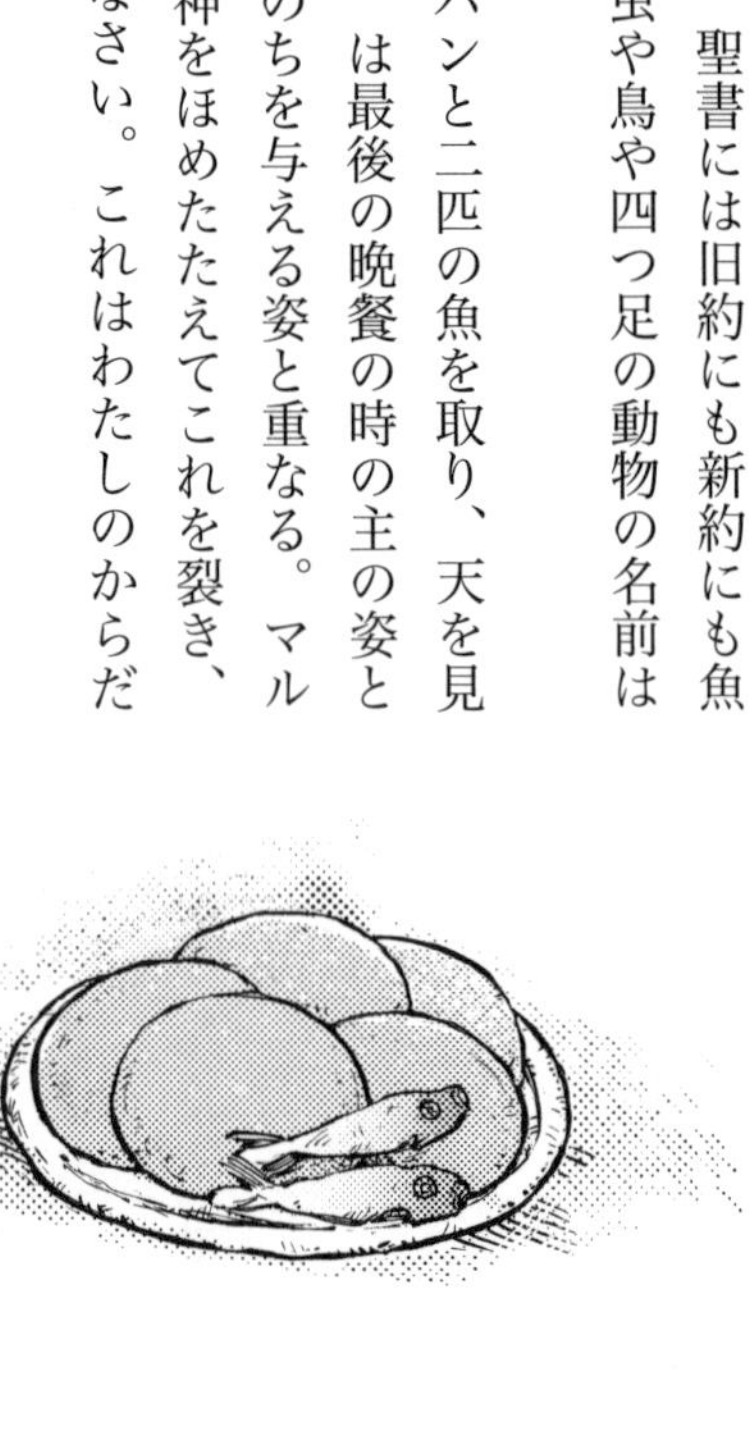

⑤言い伝え

マルコ7章3節、8節、9節、13節の「言い伝え」はユダヤ人の口伝律法で、律法学者が規定した数千の規則のこと。「タルムード」と呼ばれる。BC二〇〇年からAD五〇〇年にかけて七百年間にわたって集められた「ミシュナー」（法規集）とラビたちの議論から成る。その中に食事の時に汚れた手を洗う儀式的なきよめの規則があった。ラビがそれを行わないと除名された。器を洗う規則も種々あった。

パリサイ人、律法学者たちにとっては、儀式を守ることが宗教であり、礼拝であり、神を喜ばすこと、神奉仕であった。反対にこれを破ることは罪を犯すことであった。イエスはこれを非難した。神への愛、隣人への愛こそが信仰の本質であるからである。

⑥あらゆる戒め

マルコ12章28節「すべて（聖書協会共同訳「あらゆる戒め」）の中で、どれが第一の戒めですか」と律法学者がイエスに尋ねた。旧約の掟に「しなければならない」戒めが二四八、「してはいけない」戒めが三六五、計六一三ある。そこで律法学者は本質的な教えを一言でまとめて言う傾向があった。それでイエスに「すべての中で、どれが第一の戒めですか」と尋ねた。

長老ヒルレル（BC四〇年～AD一〇年頃）は異邦人に「私が片足で立っている間にトーラー全体を教えてください」と挑戦を受けた時、「あなたにとって憎むべきことはあなたの隣人にも行ってはならない。これがトーラー全体である。他のことはみなその説明である。行ってそれを学びなさい」と答えた。「トーラー」とはモーセ五書のこと。

イエスは29節「第一の戒めはこれです」と言って、二つを挙げる。申命記6章5節とレビ記19節18節で、神と隣人を「愛せよ」と答える。愛はキリスト者の生活と信仰の基礎である。神と隣人を愛する愛は、ことばや口先だけで愛するのではなく、行いと真実をもって愛すべきものである。この二つの戒めを結びつけたのはイエスが最初である。

申命記6章5節の「あなたの神、主を愛しなさい」との命令は、外からの義務の強制に基づく神への奉仕や礼拝をせよというのではなく、神の愛に対する感謝に満ちた応答として喜んで愛せよという。

レビ記19章18節「あなたの隣人を自分自身のように愛しなさい」とある。なぜ隣人を愛さなければならないのか。それは10節「わたしはあなたがたの神、主である」、14節「あなたの神を恐れよ。わたしは主である」からである。貧しい人、障害がある者を軽んじることは神を軽んじていること。神を信じている、畏れていると言いながら、隣人を軽んじる者は、神を真に礼拝していない。神を愛することと隣人を愛することとがここで一つになる。

イエスは自分の全存在をもって神を愛し、自分を愛するように自分の隣人すなわち私たちすべてを愛する者として描かれている。愛とは何かの答えがイエスの生涯に現されている。ヨハネ3章16節「神は、実に、そのひとり子をお与えになったほどに世を愛された。それは御子を信じる者が、一人として滅びることがなく、永遠のいのちを持つためである。」

⑦子ろばに乗る

マルコ11章はイエスのエルサレム入城の話である。2節「まだだれも乗ったことのない子ろば」を連れてくるようにイエスは命じる。それは神聖な目的のために当てられることを示す。7節「それで、子ろばをイエスのところに引いて行き、自分たちの上着をその上に掛けた。イエスはそれに乗られた。」「子ろば」は地上の王メシアがエルサレムに入城するときに乗る動物とされていたゼカリヤの預言がある（これはBC五〇〇年頃）。ゼカリヤ9章9節「娘シオンよ、大いに喜べ。娘エルサレムよ、喜び叫べ。見よ、あなたの王があなたのところに来る。義なる者で、勝利を得、柔和な者で、ろばに乗って。雌ろばの子である、ろばに乗って。」当時の人々のメシア観は地上の王、征服する破壊的な王であったが、イエスは軍馬ではなく「子ろば」、平和な王、柔和な王、へりくだった王として来られた。また、ろばは高貴な動物とされていた。王は戦時中は馬に乗るが、平和時にはろばに乗る。イエスは武器を持って君臨する王ではなく、「平和の君」（イザヤ9章6節［聖書協会共同訳5節］）として来られたことを表す。これはイエスが真のメシアとして来られたことの劇的な演出であり主張である。

マルコ11章9～10節に、イエスは群衆の背きを見抜きつつ、群衆の叫び、歓迎の叫びを受け入れられる。しかも群衆を威圧する馬ではなく、背の低い子ろばに乗って「イスラエルの王」であることを受け入れられる。私たちのような罪人がイエスを十字架につけ、たたき、罵った。それでもなおイエスは赦し、受け入れてくださった。

7～8節の子ろばと道に上着を敷いたことは、王を迎える戴冠式を暗示する。木の枝を道に敷くのは、一五〇年前にマカベア家のシモンがイスラエルの敵を打ち破り、エルサレムへ行進したとき、人々はシュロの枝を振り、歓呼して迎えたことを再現するようである。王の凱旋道路を作って迎えるさまを表す。イエスは王としてご自身を迎えることを求めておられる。信じるということはイエスを自分の生活における王として迎えることである。上着を敷いたのは、最も大切なものをイエスの足許に置くことである。Ⅱ列王9章13節「彼らはみな大急ぎで自分の上着を脱ぎ、入り口の階段にいた彼の足もとに敷き、角笛を吹き鳴らして、『エフーは王である』と言った。」

⑧デナリ銀貨（聖書協会共同訳「デナリオン銀貨」）

マルコ12章に皇帝に税金を納めることについての問答がある。イエスは、口ではイエスを敬うが、陰では罠に陥れようとするパリサイ人たちの欺瞞を見抜いて、15節「デナリ銀貨を持って来て見せなさい」と言われた。

デナリ銀貨一枚は当時、ローマの税金の一つである人頭税として要求されていた。当時の一日の賃金に相当する。十四〜六十五歳の男性、十二〜六十五歳の女性に課せられた。デナリ銀貨には皇帝ティベリウスの肖像と「崇拝すべき神の崇拝すべき子、皇帝ティベリウス」と銘が刻まれていた。裏にはその母の彫像と「母なる神」と刻まれていた。したがってデナリ銀貨は皇帝の権力の象徴であり、また皇帝の神格化の象徴であった。ユダヤ人にとってはこれは偶像礼拝の問題であった。口頭伝承の律法では皇帝の肖像を神殿の中に入れることは禁じられていた。それにもかかわらず、パリサイ人はイエスの求めにすぐに答え、デナリ銀貨を持ってきたことは欺瞞を証拠立てる。

イエスが16節「これは、だれの肖像と銘ですか」を問うと、彼らは「カエサルのです」と答えた。イエスは「カエサルのものはカエサルに、神のものは神に返しなさい。」と言われた。これはローマ皇帝に権利があることを認めている。ユダヤ人が「ローマの平和」の恩恵に浴していることは事実であった。皇帝は帝国の受益者に納税を要求する権利がある。デナリ銀貨を皇帝に納めなければならないということである。

また、「神のものは神に返しなさい」と言われた。「神のもの」とは何か。創世記1章26節「さあ、人をわれわれのかたちとして、われわれの似姿に造ろう」、27節「神は人をご自身のかたちとして創造された」とある。「かたち」は「像」とも訳される。人には神の像が刻まれているので、人は神に属する。人は神のものである。人は神に忠誠を尽くし、神に栄光を帰さなければならない。イエスは十字架にかかり罪の奴隷になった人を贖うために、神のものにするために、決定的なわざを成し遂げられた。

こうして皇帝から神的栄光と絶対権を奪い取り、真の神に返すことを求める。Ｉコリント6章20節「あなたがたは、代価を払って買い取られたのです。ですから、自分のからだをもって神の栄光を現しなさい。」

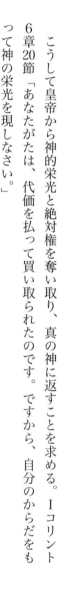

⑨過越の食事

マルコ14章12節「種なしパンの祭りの最初の日、すなわち、過越の子羊を屠る日、弟子たちはイエスに言った。『過越の食事ができるように、私たちは、どこへ行って用意をしましょうか。』」過越の祭り（聖書協会共同訳「過越祭」）はニサンの月（太陽暦で三月〜四月）の十四日に行われる。この日の夕方に羊を屠り、夜、すなわち十五日（夕方六時に日付が変わる）に過越の食事をする。この日から（十四日の夕方から）種なしパンの祝い（聖書協会共同訳「除酵祭」）が始まる。そこで弟子たちは用意を十四日の日中に行った。用意する物は子羊・種入れぬパン・塩水・苦菜・練り物・ぶどう酒。

子羊を屠るのはエルサレム神殿の庭で、祭司がする。流された血を祭司が器で受け取り、祭壇に注ぎかける。内臓と脂肪が取られ、残りを家に持ち帰って丸焼きにした。弟子たちと食べた最後の晩餐が過越の食事であった。つまりその日は奴隷から救い出した記念の日である。これはイエスがユダヤ人の奴隷からの解放の祝いの間に死んだということを強調している。

17節「夕方になって、イエスは十二人と一緒にそこに来られた。」ニサンの月の十五日が始まった夕方（木曜日）に過越の食事をする。イエスは過越の食事でのふるまいとことばによって自らの差し迫った十字架の死の意味と神の国の到来を指し示す。すなわち22節「一同が食事をしているとき、イエスはパンを取り、神をほめたたえてこれを裂き、弟子たちに与えて言った」。「取る」「ほめたたえる」「裂く」「与える」「言う」は聖餐を特徴づける動詞である。マタイ26章26〜29節、ルカ22章14〜23節、Iコリント11章23〜26節を参照せよ。

23節に「ぶどう酒」ではなく「杯」とあるのは「死の杯」であり「救いの杯」であるから。マルコ10章38節「わたしが飲む杯を飲み、わたしが受けるバプテスマを受けることができますか。」、14章36節「どうか、この杯をわたしから取り去ってください。」

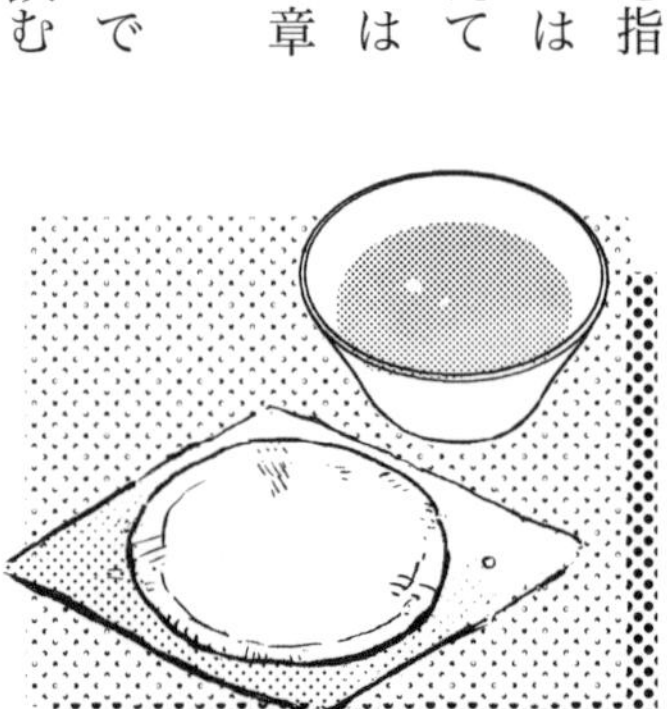

また、「杯」は契約の血に関係する。24節「わたしの契約の血」は「新しい契約」で、エレミヤに預言された「新しい契約」がここで始まる。「新しい契約」は24節「多くの人のために流される」イエスの血によって保証される愛の契約である。それに対し、「古い契約」は律法遵守による。エレミヤ31章31〜34節「見よ、その時代が来る——主のことば——。そのとき、わたしはイスラエルの家およびユダの家と、新しい契約を結ぶ。(略)わたしが

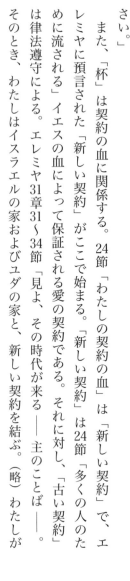

彼らの不義を赦し、もはや彼らの罪を思い起こさないからだ。」

25節「神の国で新しく飲むその日まで、わたしがぶどうの実からできた物を飲むことは、もはや決してありません」はすべてが新しくなったとき（黙示録21章5節）、神の国の宴会（マタイ22章1〜10節）で飲むようになるまでぶどう酒を飲まないと誓う。これは神の国の到来が確かであることを強調し、イエスの到来の近さも強調している。それゆえ初代教会では「マラナタ」（主よ、来たりませの意）という祈りで聖餐式は終わった。

⑩足を洗う

ヨハネ13章は弟子の足を洗うイエスの話が記されている。足を洗うのは奴隷の仕事であった。奴隷でない場合は、愛のわざであった。当時の一般民衆はサンダル履きであったため、足は乾燥した時にはほこりまみれになっていた。家の戸口には水瓶があり、奴隷の召使いが水差しで客の足を洗い、手ぬぐいで拭う。ところが、イエスが弟子たちの足を洗って召使いのように人に仕える謙遜のしもべとなってくださった。十字架の贖いのわざはまさにこういうことである。

イエスがペテロの足を洗おうと来たとき、ペテロは驚き、8節「決して私の足を洗わないでください」と言った。しかし、イエスは8節「わたしがあなたを洗わなければ、あなたはわたしと関係ないことになります」と言われた。あなたはわたしのものでなくなる。わたしの救いから落ちてしまう。

ペテロはそれならば9節「足だけでなく、手も頭も洗ってください」と言った。それに対して、イエスは10節「水浴した者は、足以外は洗う必要がありません。全身がきよいのです」と答えられた。イエスを受け入れた者は救われ、永遠のいのちに生きており、きよい。十字架の贖いは一度きりで完全である。つけ加える必要はない。

イエスはユダの足も洗った。イエスを三度知らないと否定し、裏切ったペテロの足も洗った。彼らにも1節「世にいるご自分の者たちを愛してきたイエスは、彼らを最後まで愛された（聖書協会共同訳「最後まで愛し抜かれた」）」のである。

これは十字架に示された神の救いを受け入れるかどうかを問うている。受け入れた者はすでにきよく、永遠のいのちに生きる者となる。足を洗うことはその刻印である。教会員に入るバプテスマを指す。

⑪三十歳

ルカ3章23節「イエスは、働きを始められたとき、およそ三十歳で」あった。三十歳は重要な意味を持つ年齢であった。祭司を始める年齢（民数4章3節）、ヨセフがエジプトで王に仕えるようになった年齢（創世41章46節）、ダビデが全イスラエルの王になった年齢（Ⅱサムエル5章4節）、エゼキエルが預言者として召された年齢（エゼキエル1章1節）。ここに祭司・王・預言者が三十歳で職務に就いたことがわかる。イエスの三大職務は祭司・王・預言者と言われている。

ちなみに『論語』の孔子のことばに「三十にして立つ。四十にして惑わず。五十にして天命を知る。六十にして耳順《したが》う。七十にして心の欲するところに従いてのりをこえず」とある。

⑫断食

ルカ5章33～39節は断食問答である。34節はイエスの反論である。「花婿が一緒にいるのに、花婿に付き添う友人たちに断食させることが、あなたがたにできますか。」

結婚の祝宴は一週間続いた。親しい友人たちが招かれ、断食から除外された。このたとえは花婿＝イエス、友人＝イエスの弟子たちである。イエスは救いのために来られた。悔い改めを求める主がおられ、自分の罪を認め、悔い改めてイエスのもとに来たレビが、イエスに受け入れられ、共に食事をする。喜びの時である。その喜びにあふれているのに断食ができるか。罪人が悔い改めるとき、天において大きな喜びがある。ルカ15章7節「一人の罪人が悔い改めるなら、悔い改める必要のない九十九人の正しい人のためよりも、大きな喜びが天にあるのです。」

神の国の宣教を特徴づける「しるし」は食事である。宴会はイエスによって神の支配が今来ていることの「しるし」である。主の食卓を喜んでするのが教会である。「私たちは断食をしない」と説教の題につけた牧師がいた。神がここにいるではないか。どうして断食することがあろうか。ルカ19章1～10節（ザアカイ）を見よ。

35節「やがて時が来て、花婿が取り去られたら、その日には彼らは断食します。」花婿が取り去られる日はイエスの十字架で死ぬ日。また、この死から復活までの間を指す。しかし、イエスは復活して弟子たちと食事を共にした。喜びの宴会である。初代教会は毎日集まって食卓を囲んだ。食卓を囲むとき、主が私たちと共におられることを知る。使徒2章42節「彼らはいつも、使徒たちの教えを守り、交わりを持ち、パンを裂き、祈りをしていた。」、46節「毎日、心を一つにして宮に集まり、家々でパンを裂き、喜びと真心をもって食事をともにし」。

断食が良いか悪いかということではなく、断食はその場その時に適切であるかどうかが問題である。いつすべきとかどのようにすべきとかをイエスは述べていない。そのような紋切り型の断食、規則化された断食は否定される。

⑬女

ルカ8章1～3節「その後、イエスは町や村を巡って神の国を説き、福音を宣べ伝えられた。十二人もお供をした。また、悪霊や病気を治してもらった女たち、すなわち、七つの悪霊を追い出してもらったマグダラの女と呼ばれるマリア、ヘロデの執事クーザの妻ヨハンナ、スザンナ、そのほか多くの女たちも一緒であった。彼女たちは、自分の財産をもって彼らに仕えていた。」

イエスの宣教に女性たちが同伴し奉仕する。当時ユダヤ社会では女性は公の場で奉仕できなかった。ラビは公の場で女性に声をかけることも教えることもしなかった。子どもと同じく低く見られていた。ユダヤ教徒の男性の祈りに

「わが神よ、あなたは私を異邦人にも女にも無学な者にも造られなかったことによりあなたに感謝します」と告白する。

妻の料理が下手とか、見知らぬ男と話していたとか、大騒ぎをするとか、さらには夫から見て、妻より美しい女が現れたからとか、夫の勝手な理由で離婚状を書いた。いずれにしても夫にだけ離婚権が認められていたが、妻には認められていなかった。

イエスはそんな習慣を破っていた。ここに女性を見下すことが打破されていた。彼女たちはイエスや十二弟子たちを家に招いたり教えを受けたりして共にいた。ルカ10章38～42節（マルタとマリア）を見よ。

初代教会の使徒の宣教では、女性たちが彼らの助けになっていた。使徒16章14～15節（ルデヤ）、17章4節、12節（貴婦人たち）、18章26節（プリスキラ）を見よ。

⑭食事に招待する

ルカ14章15～24節に宴会のたとえが書かれている。古代オリエントでは招待は二度に分けて行われた。先にあらかじめ日時を指定し招待し、それを受けて正式にいよいよという時に一人ひとりにしもべを遣わして二度目の招きをした。断るなら一度目であるが、たとえの人々は二度目の招きを断っているので非常に無礼である。

⑮仮庵の祭りの大いなる日

仮庵の祭り（聖書協会共同訳「仮庵祭」）の最後の日が「祭りの終わりの大いなる日」（聖書協会共同訳「祭りの終わりの大事な日」）である。イエスがヨハネ7章37節「だれでも渇いているなら、わたしのもとに来て飲みなさい。わたしを信じる者は、聖書が言っているとおり、その人の心の奥底から、生ける水の川が流れ出るようになります」と言う。

当時、祭りの間、毎日、大祭司は人々を伴ってギホンの泉に下り、金の壺で水を汲んでいた。その時、イザヤ12章3節「あなたがたは喜びながら水を汲む。救いの泉から」が繰り返し歌われた。そして行列を組んで神殿に戻る時、詩篇113～118篇が歌われた。祭壇を回るときには詩篇118篇25節「ああ主よ　どうか救ってください。ああ主よ　どうか栄えさせてください」が歌われ、祭壇の両側に水が注がれた。これはイスラエルが荒野で岩からほとばしり出る水で養われたことを記念するためである。

仮庵の祭りは喜びの祭りであった。この間、群衆の歓呼の声が絶えなかった。喜びの最高潮の時にイエスは大声を上げた。イエスの招きの声である。「だれでも渇いているなら、わたしのもとに来て飲みなさい。」

⑯サドカイ人（聖書協会共同訳「サドカイ派の人」）

使徒23章8節「サドカイ人は復活も御使いも霊もないと言い、パリサイ人はいずれも認めているからである。」サドカイ人はソロモン時代の祭司ツァドクに由来し、祭司階級で大祭司を出す。富裕の貴族階級でローマに協力した。一般民衆の間ではパリサイ人以上に不人気であった。彼らは三つの特徴があった。一つめはモーセ五書（創世記、出エジプト記、レビ記、民数記、申命記）のみを権威ある神のことばとして受け入れたこと。モーセ五書に書いてないことは否定した。したがって口頭伝承の律法（口伝律法、言い伝え）や預言者や諸書を聖書とみなさない。二つめは復活を否定していたこと。魂は肉体とともに死ぬと考えていた。これもモーセ五書に書いていないからである。三つめは御使いの存在を否定していた。サドカイ人は徹底した現世主義者。ＡＤ七〇年のエルサレム神殿崩壊とともに歴史の舞台から消えていった。

⑰パリサイ人（聖書協会共同訳「ファリサイ派の人」）

パリサイ人は、旧約聖書の中でも比較的新しく書かれた書物、ユダヤ人たちの間で言い伝えられてきた教え（口伝律法）を受け入れ、重んじていた。厳格な律法遵守を特徴とする。

語源はヘブル語「ペルシム」で「分離される者」というあだ名からという。人は死んでも魂が残り、復活すると信じていた。ただし、死んだときの体をもって現れると考えていた。またユダヤ人がよみがえる場所はパレスチナと信じていた。律法学者の多くはこれに属する。律法を守ること、安息日、断食、施し、きよめに厳格であった。したがってサドカイ人とは対立していた。使徒23章6～8節「パウロは、彼らの一部がサドカイ人で、一部がパリサイ人であるのを見てとって、最高法院の中でこう叫んだ。『兄弟たち、私はパリサイ人です。パリサイ人の子です。私は死者の復活という望みのことで、さばきを受けているのです。』パウロがこう言うと、パリサイ人とサドカイ人の間に論争が起こり、最高法院は二つに割れた。サドカイ人は復活も御使いも霊もないと言い、パリサイ人はいずれも認めているからである。」

パリサイ人はＡＤ七〇年のエルサレム神殿崩壊後も生き残った。

4―6　歴史的背景を知ること

◆ポイント
歴史的背景を知るために、ユダヤやローマの古代誌や戦記などを書いた書物を参考にすること。

①サマリア人

ヨハネ4章9節「ユダヤ人はサマリア人と付き合いをしなかったのである。」それには歴史的背景がある。サマリア人はBC七二二年に北王国イスラエルが滅亡し、そこの人々がアッシリアへ強制移住させられたとき、残留者と入植してきた異民族との間に生まれた子孫である。彼らはモーセの五書のみを正典とし、ゲリジム山で礼拝をした。サマリア人はバアルを拝んだ。エルサレム神殿の再建を妨害した。BC一二八年、ユダヤ人はゲリジム山の神殿を焼き討ちにした。このようなことから両者は反目し合っていた。II列王17章6節、24節、33節を見よ。

②会堂から追放

ヨハネ9章22節「すでにユダヤ人たちは、イエスをキリストであると告白する者がいれば、会堂から追放すると決めていた。」両親はイエスを告白する者が会堂から追放されることになっているのを恐れて、盲目の息子の癒やしに関わろうとせず、当人に責任を帰そうとする。追放されると一生、公的にのけ者にされ、公衆の面前で呪われ、神と人から見離された者とされる。同様に12章42節「ただ、会堂から追放されないように、パリサイ人たちを気にして、告白しなかった」、16章2節「人々はあなたがたを会堂から追放するでしょう」と会堂から追放のことばが出てくる。

イエスの公生涯や初代教会初期はまだ会堂追放の処置はなかった。AD九五年、ユダヤ教のヤムニア会議でユダヤ教はキリスト教を異端として会堂追放の処置をとった。またユダヤ教の「十八の祈願」という公式の祈りの改訂を行い、その中に「教えに背く者にいのちの望みもありませんように。ナザレ派は滅びますように」を加えた。ユダヤ教のパリサイ人はキリスト教を迫害することは神への奉仕と信じていた。

③エルサレム神殿の破壊

ルカ13章35節「おまえたちの家は見捨てられる」とあるのは、イスラエルがイエス・キリストを退けた結果、神のさばきが実際にAD七〇年のローマ軍によるエルサレム神殿の破壊に現れることを指している。エルサレムはローマの包囲網の中で飢餓の極点に達し、我が子を食う母親まで現れたという。神殿の外庭の回廊に避難していた市民六千人が放火で焼死した。

④リベルテン（聖書協会共同訳「解放奴隷」）

使徒6章9節「リベルテンと呼ばれる会堂に属する人々、クレネ人、アレクサンドリア人、またキリキアやアジアから来た人々」とある。リベルテンとは「解放奴隷」で、ローマの将軍ポンペイウスによってBC六三年にユダヤが征服された時に捕虜になり、奴隷となった人々の子孫で、後に解放されてユダヤに戻った人々のこと。1節「ギリシア語を使うユダヤ人」と同じグループである。

⑤ローマの迫害

ローマの十大迫害がある。以下に五つ挙げておく。

・ネロ（五四年〜六八年在位）　ローマの大火の放火犯にキリスト教徒が仕立て上げられた。ペテロとパウロが殉教。

・ドミティアヌス帝（八一年〜九六年在位）　自らを「主にして神」と呼ばせた。小アジアで迫害。使徒ヨハネが流刑。ヨハネの黙示録やペテロの手紙第一が迫害下で励ましのために書かれた。

・トラヤヌス帝（九八年〜一一七年在位）　ビティニアにおける迫害。

・マルクス・アウレリウス帝（一六一年〜一八〇年在位）　リヨンにおける迫害。

・ガレリウス帝（三〇五年）　キリスト教徒の家に放火し焼き殺したり、皮膚を剥《は》いで溶けた鉛をかけたり、手足を切り取ったり、目をえぐり出したり、女性を暴行し、裸にしてむち打ったりした。

4−7　地理を知ること

◆ポイント
地理を知れば、どこをどのように移動したのか、どうしてそうなるのかなどがわかるので知識を持つこと。

日本人が「山」から連想することばをあげると「緑」「木」が出てくる。山は緑豊かなところというイメージである。ところが英語 mountain は雪を頂く岩山が基本的なイメージである。まるで違う。このように地理・風土により日本語に訳された語が意味するところは違うことが多い。これは聖書に登場する「山」も同様である。聖書の「山」は岩山であり、人が住むところではなく、緑がない。

①ガリラヤ湖

ガリラヤ湖はティベリア湖とも言う。ヨハネ6章1節「イエスはガリラヤの湖、すなわち、ティベリアの湖の向こう岸に行かれた」とある。またゲネサレ湖とも言う。これはルカの用いる名称（ルカ5章1節）。旧約時代は「キネレテの海」とも呼ばれた（民数34章11節）。南北二十一キロ、東西十二キロの心臓の形をした淡水湖。海抜マイナス一八〇メートルにあった。そのため谷のような地形で、吹き下ろす突風でしばしば嵐になった。マルコ4章37節「すると、激しい突風が起こって」はこういう地理的理由からである。魚が豊富であった。なおヨハネ21章11節「網は百五十三匹の大きな魚でいっぱいであった」とある「百五十三」の意味するところは不明である。

②エルサレム

東にあるキデロン（聖書協会共同訳「キドロン」）の谷と西南にあるヒノムの谷に囲まれた尾根にある。海抜七九〇メートル。エルサレムの南八キロの所にベツレヘムがある。

③オリーブ山

オリーブ山はエルサレムの東一キロの所にある。安息日の距離にある。マルコ11章1節「さて、一行はエルサレムに近づき、オリーブ山のふもとのベテパゲとベタニアに来たとき」と、エルサレム、ベテパゲ、ベタニアが近くであることが分かる。海抜八一四メートル。当時、メシアはオリーブ山に現れるとされていた。イエスはオリーブ山から救いが始まることを知って、オリーブ山のふもとからエルサレムに入って行かれる。ゼカリヤ14章4節「その日、主の足はエルサレムの東に面するオリーブ山の上に立つ」。

ゲッセマネはオリーブ山のふもとにある。イエスの祈りの場所であった。ルカ21章37節「イエスは、昼は宮で教え、夜は外に出てオリーブという山で過ごされた。」

④ヨルダン川

北のヘルモン山から出てガリラヤ湖を経て死海に流れ込む川。「ヨルダンの向こう」は旧約聖書でヨルダン川の東岸を指す場合（創世50章10〜11節、申命1章1節）と西岸を指す場合（申命3章20節）とがある。新約聖書ではヨルダン川の東側、ペレヤを指す（マタイ4章15節、19章1節）。

⑤エリコ

死海に注ぐヨルダン川の北西にある。海抜マイナス二五〇メートルの低地。パレスチナ最古の町。香料とナツメヤシの町。新約時代にはナツメヤシとバルサムの森があった。税関もあった。北からエルサレムに行くには、ヨルダン川を渡ってエリコを通る。

⑥パウロの伝道地

地図で経路をたどる。新改訳２０１７の巻末地図13・14、聖書協会共同訳の巻末地図11・12を見よ。

第一次伝道（使徒13章1節～14章28節）

第二次伝道（使徒15章36節～18章22節）

第三次伝道（使徒18章23節～21章26節）

参考文献（おもなもの。書名の五十音順）

〈聖書辞典〉

『旧約新約　聖書語句大辞典』（一九五九年、教文館）
『旧約新約　聖書大事典』（一九八九年、教文館）
『キリスト教組織神学事典　増補版』東京神学大学神学会編（一九八三年、教文館）
『キリスト教礼拝辞典』岸本羊一・北村宗次編（一九七七年、日本基督教団出版局）
『新キリスト教辞典』（一九九一年、いのちのことば社）
『新聖書辞典』（一九八五年、いのちのことば社）
『聖書思想事典』（一九七三年、三省堂）
『聖書辞典』（一九六八年、新教出版社）

〈聖書ギリシア語辞典〉

『ギリシア語新約聖書釈義事典』三巻（一九九三〜九五年、教文館）

『新約聖書のギリシア語』ウィリアム・バークレー著、滝沢陽一訳（二〇〇九年、日本キリスト教団出版局）
GREEK – ENGLISH CONCORDANCE, J. B. Smith 著（一九八三年、HERALD PRESS）

〈聖書注解・説教〉

ウィリアム・バークレー聖書註解シリーズ（一九六七〜七一年、ヨルダン社）
『加藤常昭説教全集』全二〇巻（一九八九〜二〇〇六年、ヨルダン社）
『現代聖書注解』全四四冊（一九八六〜二〇一八年、日本基督教団出版局）
『実用聖書注解』（一九九五年、いのちのことば社）
『新共同訳　新約聖書注解』（一九九一年、日本基督教団出版局）
『聖書読解術』榊原康夫著（一九七〇年、いのちのことば社）
『説教者のための聖書講解 ―― 釈義から説教へ』（一九七二〜九三年、日本基督教団出版局）
藤掛順一連続講解説教（横浜指路教会ホームページ）

あとがき

本書は、ある聖書学校の集中講義（十五時間）で教えた「聖書釈義」の授業のために作成したテキストをもとに書いたものである。授業は当然ながら一方通行でなく、やりとりしながら進めるので、受講生たちは聖書の何がわからないのか、どう難しいのか、何をまちがって解釈していたのか、何を初めて知ったのか、納得したのかなどがよくわかった。この受講生の姿は実はまだ聖書をただ読むだけで、よく理解していなかったころの筆者の姿でもあった。講義のあと、課題レポートを提出させたが、「目からうろこが落ちた」と授業の感想を書いてきた受講生もいた。聖書学校の主任から「先生の講義は具体的であり、かつ実例が多く、わかりやすかったと受講生全員から大好評でした」と、お世辞であったとしてもうれしい報告を受け取った。このような体験を一人でも多くの人にしてもらえれば、聖書を読むことをやめたり信仰を捨てたりせず、聖書は奥が深く、喜びと希望をもたらす神のことばとして喜んで読み、主に喜んで従っていけるのではないかと思った。そこで本書をしたためたのである。

ふりかえってみると、大学生のころ、内村鑑三著『ロマ書の研究』（角川文庫）を信仰の先輩から借りて読んで、聖書理解について大きな衝撃と影響を受けた。これは内村鑑三が今からおよそ百年前に行った「ローマ人への手紙」の講義・講演をまとめたもので、彼自身次のように述べている。

余に一生の志望があった。それは日本全国に向かってキリストの十字架の福音を説かんことであった。（略）余が最も深く興味を感ぜしものはロマ書であった。使徒パウロによりて口授せられしこの書はキリスト教の真髄を伝うる書である。この書を解せずしてキリスト教を解することはできない。また余の四十七年間の信仰の生涯において、余が最も注意して研究したりと思うのはこの書である。余はロマ書を講じて、実は余自身の信仰を語ったのである。ゆえに、六十回にわたりしこの講義は、余にとりては快楽の連続であった。（『内村鑑三聖書注解全集　第十六巻　ロマ書の研究［上］』七～八頁「『ロマ書の研究』に対する序」）

それゆえに同書から福音のメッセージが喜びとともによく伝わってきた。そして聖書がわかると喜びがわきあがり、神への感謝があふれ出てきた。このようなことが筆者にも少しでもできればとの思いがずっとあって本書執筆の動機にもなった。

多くの方が神のことばを通して聖霊の導きを求めつつ主イエスと出会い、救われ、神に栄光を帰すことを心から切に願う。

米川明彦

聖句索引

〈旧約聖書〉

〈新約聖書〉

語句索引

米川明彦（よねかわ あきひこ）

1955年生まれ。大阪大学大学院文学研究科博士課程修了（国語学専攻）。学術博士。梅花女子大学名誉教授。単立教会牧師。俗語・手話言語・聖書研究。

俗語研究の編著書に『集団語辞典』『日本俗語大辞典』『集団語の研究　上巻』『集団語の研究　下巻』『平成の新語・流行語辞典』（以上、東京堂出版）『明治・大正・昭和の新語・流行語辞典』（三省堂）『新語と流行語』（南雲堂）『現代若者ことば考』（丸善）『若者語を科学する』（明治書院）『俗語入門 ── 俗語はおもしろい！』『ことばが消えたワケ ── 時代を読み解く俗語の世界』『俗語百科事典』（以上、朝倉書店）など。

手話言語研究の編著書に『手話言語の記述的研究』（明治書院）『日本語－手話辞典』（監修、全日本ろうあ連盟、第17回新村出賞）『新　日本語－手話辞典』（監修、全日本ろうあ連盟）『手話ということば ── もう一つの日本の言語』（PHP研究所）など。

聖書研究の編著書に『新約聖書のキーワード』『礼拝とは ── 神の御業への応答』『使徒信条と主の祈り』『テーマ別　暗唱聖句100』『続・テーマ別暗唱聖句100』『続々・テーマ別暗唱聖句100』（以上、新生宣教団）、『聖書から出た日本語100』（いのちのことば社）など。

みことばを深く読むために
── はじめての聖書解釈
2024年3月20日発行

著　者　米川明彦
印刷・製本　日本ハイコム株式会社
発　行　いのちのことば社
164-0001 東京都中野区中野 2-1-5
TEL 03-5341-6920　FAX 03-5341-6921
e-mail：support@wlpm.or.jp
ホームページ http://www.wlpm.or.jp/
新刊情報はこちら

乱丁落丁はお取り替えします
Printed in Japan
ISBN978-4-264-04475-8

聖書から出た日本語100

米川明彦

「キリストを基督と書くのはなぜ」

「愛の意味が昔と今では違っていた」

「接吻は聖書から出た」

「天国は当初テンコクであった」……

聖書が出典の日本語100項目を、テレビなどでもおなじみの日本語の俗語研究の第一人者が解説。もともとの意味を解説しながら、原語、語源、訳語の歴史、国語辞典への掲載などを網羅し、知って楽しい知識が満載。　1,650円